I. de Bréhat
Paimpol
COTE D'ÉMERAUDE
GRANVILLE
Pte du Grouin
BAIE
DE ST-BRIEUC
Cap Fréhel
St-Quay-Portrieux
Cancale
St-MALO
St-CAST
DINARD
LE Mt. St-MICHEL
AVRANCHES
ST-BRIEUC
DINAN
Combourg
FOUGÈRES
RANCE
VITRÉ
RENNES
PONTIVY
Josselin
VANNES
REDON
Suscinio
LA GRANDE
BRIÈRE
Guérande
le Croisic
St-NAZAIRE
COTE D'AMOUR
LOIRE
NANTES
PORNIC
BAIE DE BOURGNEUF
Lac de Grandlieu
I. de Noirmoutier
W0241050

GEHEIMNISVOLLE BRETAGNE

MAX RIEPLE

GEHEIMNISVOLLE BRETAGNE

HALLWAG VERLAG BERN UND STUTTGART

4. Auflage, 1973
© 1965 Hallwag AG Bern
Gesamtherstellung Hallwag AG Bern
ISBN 3 444 10033 7

Anne de Bretagne,
heute noch von den Bretonen geliebt

Sainte Anne,
hochverehrte Heilige der Bretagne

Anne –
meine Lebens- und Reisegefährtin,
ihr sei dieses Buch gewidmet!

Inhaltsverzeichnis

Wo sich Fels und Meer vermählen

Die Alge im Meer
spürt nicht den Salzwind
droben im starrenden Gras.

Der Vogelschrei
im Klippengeklüft
dringt nicht zu den Fischen.

Und doch
feiern hier Fels und Meer
tödliche Hochzeit.
Umarmt von den weichen Wogen
erliegt der härtere Stein.

M. R.

Zuverlässige Geographen haben errechnet, dass man 2400 Kilometer zurücklegen müsste, um alle Buchten, Fjorde, Landzungen und Golfe der Bretagne genau zu umfahren, wohingegen der Landweg vom Mont St-Michel bis St-Nazaire entlang der Küste, unter Vermeidung der Ausbuchtungen, kaum 300 Kilometer beträgt. Aus diesen nüchternen Zahlen lässt sich ableiten, wie zerklüftet, vom Meer zernagt und von tief in das Land hineinreichenden Flusstrichtern zerfurcht die bretonische Landschaft ist, dieses Land zwischen «Armor» und «Arcoat», zwischen Ozean und Wald.

Es tauchte als eines der ersten dieser Erde im Archaikum aus den Fluten und sank dann, nach der Meinung der Geologen, im Laufe von Jahrmillionen tiefer und tiefer. Zur gleichen Zeit hob sich der Meeresspiegel. So gab nicht nur die unaufhörlich anstürmende Brandung der Küste die Zerrissenheit, sondern auch das steigende Wasser, das dem Relief der Höhen und Tiefen des Landes folgte.

Der vielzackige Felsensporn, der sich westlich Quimper weit in den Atlantik vorschiebt, erschien schon den Alten als das Ende der Erde: «Finis terrae», ein Name, der dem Departement Finistère geblieben ist.

Wie sehr sich Meer und Land durchdringen und umschlingen, zeigt sich am deutlichsten, wenn nach der Ebbe die Flut in die Flusstrichter eindringt und tief in das Innere des Landes strömt. Wo soeben noch auf grau schimmerndem, von dunkeln Rinnsalen durchfurchtem Sand die schwarzen Boote wie gestrandete Wale lagen, hat nun das Meer die Herrschaft angetreten. Mit seinen Gezeiten, jenem langsamen Aus- und Einatmen, bestimmt es den Lebensrhythmus nicht nur der Bewohner der Küste, sondern auch des Landesinnern.

Um das Erregende der Verschmelzung von Land und Wasser unmittelbar zu erleben, fahren wir der bretonischen Küste entlang, beginnend im Süden bei der Pointe de Penmarc'h (Pferdekopf), die wir von Quimper aus erreichen. Die Fahrt dorthin führt durch das Pays Bigouden, einen Landstrich, in dem jahrhundertealtes Brauchtum lebendig blieb. Heute noch tragen die Frauen mit dem slawischen Typ stolz ihre tiefschwarzen, oft mit Samt besetzten, reich bestickten Kleider und darunter ein halbes Dutzend auftragender Unterröcke, die der Gestalt der Trägerin eine kegelförmige Silhouette verleihen. Eine fischschuppige Sirene, von Reedern an der reich ausgestatteten Kirche zu Penmarc'h eingemeisselt, deutet darauf hin, dass wir in das Reich jener Fabelwesen gekommen sind, die in den kristallenen Höhlen am Strande hausen sollen.

Wenn an diesem Küstenstrich zur Zeit der Äquinoktien die Springflut donnernd anbrandet, dann fürchten sich die Fischer in ihren Stuben vor der Macht der Sirenen. Halb Fisch, halb lockendes Weib, haben sie manchen schon ins Verderben gezogen.

Auch wir erliegen in übertragenem Sinn der Lockung der Meergeborenen, blicken wir vom imposanten, fünfundsechzig Meter hohen Leuchtturm von Eckmühl (so benannt nach dem napoleonischen General Davout, Fürst von Eckmühl) über die glitzernde See oder wandern wir über die Dünen bei Tronöen, das sich rühmen darf, den ältesten und zugleich packendsten Calvaire zu besitzen. Der salzige Atem des Meeres hat seine Figuren zerfressen, Wind und Regen sie zernagt. Und doch trotzte der altarähnliche rechteckige Klotz, der neben einem Bauernhof zwischen Sand und dürrem Gras steht, allen Stürmen. Die zerstörende Macht der Elemente hat nicht vermocht, die Ausdruckskraft der beiden Reliefszenen zu mindern. Im Gegenteil, in ihrer fragmentarischen Gestalt wird offenbar, dass vor dem Hintergrund des unendlichen Meeres alles von Menschen Geschaffene nur Stückwerk bleibt.

Ein zweites Mal stossen wir von Quimper aus über das am Mündungstrichter des Goyen gelegene Fischerdorf Audierne zum Ozean vor, durchfahren ein, je weiter es westwärts geht, immer ärmer werdendes Land, über das die bescheidenen Häuser wie helle Samenkörner ausgestreut sind.

Ein überdimensionaler Parkplatz, dienstbeflissene Parkwächter, Kioske mit dem üblichen Andenkenkitsch sagen uns, dass wir unser Ziel, die Pointe du Raz, erreicht haben. Durch den Rummelplatz für Sensationslüsterne ernüchtert, wandern wir, vorbei an der «Madonna der Schiffbrüchigen», zu der Felsspitze, die schwarz und drohend im Gegenlicht aufsteigt.

Da liegt vor uns die blendende Silberfolie des Ozeans, flirrend und flimmernd in greller Sonne. Aus einem Fischerboot, das spielzeugklein tief drunten den Klippen entlang gleitet, werden Körbe für den Hummerfang ausgeworfen. Über rote und gelbe Blütenpolster, die sich auf dem schwärzlichgrauen Granit ausbreiten, lotet das Auge vorsichtig in die schwindelnde Tiefe. Dort unten kämpfen Fels und Wasser miteinander, wobei das Fliessende, Nachgebende letzten Endes das Unelastische und Starre besiegt. Von weissem Gischt übersprüht, liegt der Felsblock des «schlafenden Mönches» am Strand, und der rötlich schimmernde Riesenpfeiler, «Menhir» genannt, stemmt sich der Brandung entgegen.

Ein geradezu gigantisches Ringen tobt tagaus, tagein im «Enfer de Plogoff», der Hölle von Plogoff, einem siebzig Meter tiefen Felsenschlund, an dessen Wände die Wasser anprallen, zurückfluten, um mit erneuter Kraft gegen die Granitmauern des Verlieses anzurennen. Dabei überschlagen sich die Wogen, bilden schaumgekrönte Strudel, Wirbel, die sich selber verschlingen und den Wasserschwall wieder ausspeien mit donnerndem Getöse, das man noch in dem eine halbe Stunde entfernten Dorfe Plogoff vernimmt.

Ein Führer bietet sich an, uns auf schwindelerregendem Pfad an messerscharfen Felsnadeln entlang zur äussersten Spitze des Cap zu führen. An sicherndem Seil haben wir einen Felsvorsprung umklettert, da fällt uns wie ein Raubtier der Sturm an und will uns in den Abgrund zerren. Unwillkürlich klammern wir uns an das rauhe Gestein und glauben dabei zu spüren, wie es unter den wuchtigen Schlägen der Wogen erzittert. Der Salzstaub, der sich auf die Lippen legt, Jodgeruch, den wir einatmen, der heulende Sturm, das Donnern und Tosen, das unsere Ohren taub macht, die Wasserspritzer, die raketenhaft emporschiessen – wie könnten Worte schildern, was nur mit allen Sinnen zugleich erfasst werden kann.

Das Ergreifendste ist das Wissen, dass wir hier auf dem äussersten Eckpfeiler Europas stehen, nein, auf der letzten Bastion des eurasischen Kontinents. Hinter uns liegen die weiten Tundren Russlands, der Ural, die unermesslichen Wälder Sibiriens, der Himalaja und das gewaltige Reich der Mitte, China, und vor uns der Ozean, fünftausend Kilometer Wasserfläche, aus der die «Neue Welt» emporsteigt. An dieser Stelle, an der das Licht noch verweilt, wenn all die Länder hinter uns ins Dunkel sanken, bleiben wir bis zum Abend. Das Silber des Meeres hat sich nun in Gold verwandelt, in eine Feueresse, in der der glühende Ball der Sonne schmilzt. Silhouettenhaft ragt auf der äussersten der dem Cap vorgelagerten Felseninseln der Leuchtturm auf, dessen Wächter oftmals des hohen Seegangs wegen nicht abgelöst werden kann. Bald werden Lichtpfeile die Schiffe warnen, wenn sie den gefährlichen Klippen der Ile de Sein zu nahe kommen. Nicht umsonst sagt ein alter Seemannsspruch: Qui voit Sein, voit sa fin (Wer Sein sieht, sein Ende sieht). Oder der andere: Qui voit Ouessant, voit son sang (Ouessant sehen heisst sein Blut sehen).

Die «Baie des Trépassés», die zwischen Pointe du Raz und Pointe du Van sich hindehnt, hat nicht von ungefähr den Namen «Bucht der Abgeschiedenen». Nach alter Überlieferung sollen Druiden von hier aus die Toten auf schwankenden Barken über das unheimlich stille und glatte Meer zur trostlosen Insel Sein verbracht und dort bestattet haben. Ungezählte Leichen von Schiffbrüchigen wurden an dieses Ufer geschwemmt. Nach dem Glauben der Fischer umflattern ihre Seelen in Gestalt weisser Möwen mit heiserem Schrei die Klippen.

Diese todbringende Zone war jahrhundertelang das Paradies der Strandräuber. Ihnen genügte es nicht, was das Meer als Strandgut ans Ufer schwemmte. Auf tückische Weise lockten sie die Schiffe zwischen die tödlichen Klippen. Dazu banden sie einer Kuh eine Laterne zwischen die Hörner. Schritt das Tier schwankenden Ganges dem Ufer entlang, glich die Leuchte dem Positionslicht eines von Wellen geschaukelten Fahrzeuges. Die Schiffe, die Kurs auf die Stelle nahmen, zerschellten an den Klippen, die Räuber stürzten aus den Verstecken, machten die wehrlosen Opfer nieder und plünderten das Wrack. Noch heute steht da und dort in der ärmlichen Hütte eines Fischers, der sich sein Brot mit dem Einsammeln von Krebsen verdient, eine kostbare Truhe oder ein Schrank, den die Wellen ehemals an Land trugen.

Ähnlich wie die Pointe du Raz schiebt die weniger besuchte Pointe du Van ihre Felsspitze in den Ozean. Grossartig der Blick von diesem menschenfernen Punkt aus über die kleine, mit offenem Glockenturm gekrönte Kirche Saint-They hinüber zur Pointe du Raz. Wie viele Kerzen mögen in dieser fast fensterlosen Kapelle von bangenden Frauen geopfert und wie viele Gebete um die glückliche Rückkehr der ausfahrenden Fischer zum Himmel gesendet worden sein; freudige Worte des Dankes, wenn die Segel der Heimkehrer am Horizonte auftauchten, und stumme Klage, blieb das ersehnte Schiff aus.

Die Halbinsel Crozon, von wo aus die Fischer einst bis Portugal fuhren, um dort den Thunfisch mit buntbewimpelten Stangen zu erlegen, besitzt nicht nur faszinierende Felsgrotten und -tore, sondern auch einen Glanzpunkt der französischen Küste, die Pointe de Pen-Hir. Starrten an der Pointe du Raz Felsnadeln schwarz und düster zum Himmel auf, schuf das Meer aus dem harten Gestein des Pen-Hir hochgetürmte Burgen, Märchenschlösser und seltsam geformte Pagoden, die hellbraun, ja golden der blauen Flut entsteigen. «Les Tas de Pois», «Erbsenhaufen», heissen die drei dem Cap vorgelagerten pyramidenförmigen Inseln, einstmals wohl ein zusammenhängendes Felsenriff, das die zerstörende Kraft des Wassers auseinandersprengte. Stand auf der Pointe du Raz das Marmorbild einer Madonna, so hat man hier den Toten ein Denkmal errichtet und seinem Sockel eine an dieser Stelle besonders ergreifende Verszeile von Baudelaire eingemeisselt:

«Homme libre, toujours tu chériras la mer!»

«Du freier Mensch, lieben wirst du stets das Meer!»

An dem nach Norden gereckten Ausläufer der Halbinsel Crozon, der Pointe des Espagnoles, dem Cap der Spanier, liess König Philipp II. im Jahre 1589 zur Unterstützung der bretonischen Katholiken vierhundert Spanier landen. Sie hielten die Landspitze von Quelern-Roscanvel besetzt, bis sie nach heldenhafter Verteidigung durch die Truppen Heinrichs IV. vertrieben wurden.

Auf der westlich von Brest gelegenen Pointe de St-Mathieu stehen neben der malerischen Abteiruine eine Signalstation und ein Leuchtturm. Sein sechzig Kilometer weit reichender Lichtstrahl entspricht der Stärke von sieben Millionen Kerzen.

An diesem exponierten Punkt gründete Saint-Tanguy schon im 6. Jahrhundert zur Sühne für den Mord an seiner Schwester ein

Kloster, dessen Ruinen noch etwas von der bezwingenden Glaubenskraft aus frühchristlicher Zeit innewohnt.

Eine letzte Steigerung aller ins Meer vorgeschobenen Felskeile dürfte das in der Nachbarschaft von St-Malo gelegene Cap Fréhel sein. Das empfanden schon die ersten Bewohner dieses Landes, krönten sie doch den zweiundsiebzig Meter aus dem Meer aufsteigenden Fels mit dem Turm eines schlanken Menhirs, dem «Finger Gargantuas», der richtungweisend sein sollte für die Schiffe, die auf smaragdgrünen Fluten diese Küste ansteuerten.

Côte d'Émeraude – nicht umsonst vergleicht man das Wasser, das hier die Felsen benagt und mit einer Schaumbordüre umgibt, mit einem Smaragd. Die kristallklare, bläuliche Flut lässt das Gelb des Sandes hindurchschimmern. Dabei mischen sich die Farben und werden zu dem bald helleren, bald dunkleren transparenten Grün, wie es den kostbaren Edelstein auszeichnet.

Von der Höhe des Caps schweift der Blick von der an klaren Tagen im Osten auftauchenden normannischen Halbinsel Cotentin bis zu der im Westen hingelagerten Insel Bréhat, die als Überrest eines alten Küstenstrichs wie ein mit Myrten, Hortensien, Aloepflanzen und Feigenbäumen beladenes Riesenschiff in dem blaugrün schillernden Wasser zu treiben scheint.

Bezaubert verharrt das Auge auf den Dächern und Türmen des Fort la Latte, einer von den Herren von Matignon erbauten mittelalterlichen Festung. Vom Festlande nur über eine Zugbrücke erreichbar, umschlossen von lückenlosem Mauerring und überragt von klotzigem Bergfried, erscheint diese aus rötlichem Granit erbaute Burg wie eine Vision. Hier vermochte Kriegsarchitektur noch zu steigern, was die Natur darbietet: jenen erregenden Farbakkord, gebildet aus dem Purpurrot des Porphyrs, dem geäderten Sandstein, rostrotem Schiefer, dem Gelb des Stechginsters und dem Violett des Heidekrautes.

Unaufhörlich kommen die Wogen gezogen, weit ausholend und an den Riffen aufschäumend – Pulsschläge des weiten Meeres.

Mit goldenen Ruten des Ginsters
peitscht der Seewind
das stöhnende Land.

Wohin deutet der Steinzeitfinger
des schlanken Menhirs,
weist er den Wolken den Weg,
den Wogen, den segelnden Möwen
oder dem Boot, das spielzeugklein
dort unten treibt?

Antwort weiss vielleicht
das dunkle Rauschen des Meeres.

M. R.

Zwiegesichtiges Nantes

Nantes, zurückblickend in eine reiche Vergangenheit und vorausschauend in eine grosse Zukunft – kann man sich für diese Stadt eine sinnvollere Darstellung denken als jene eigenartige Figur am Grabmal des Herzogs Franz II. in der Kathedrale St-Pierre? Halb bärtiger Greis, halb junges Mädchen, schaut diese Gestalt wie ein Januskopf dem Gewesenen nach und sieht dabei in einem Spiegel das Künftige.

Noch kündet das Schloss, Festung und Renaissance-Wohnbau zugleich, von der Macht der hier residierenden bretonischen Herzöge. Stolz ist dort ihr Wappen eingemeisselt: unter gotischem Masswerk die herzogliche Krone, darunter das Hermelinwappen. Noch einmal wiederholt sich das Zeichen der Macht, die Krone, in dem kunstvollen schmiedeeisernen Aufbau des im Schlosshof stehenden Brunnens, auf den vom Wohnbau ein Treppenpavillon,

Pointe du Raz, auf der äussersten der dem Cap vorgelagerten Felseninseln
die Silhouette des Leuchtturms

Notre Dame de Tronöen

Bretoninnen bei Ste-Marine, Blick auf den Badeplatz Bénodet

Loggien, gotische Fenster und fialengeschmückte Lukarnen niederblicken. Dieser Hof sah glanzvolle Turniere, aber auch Mysterienspiele und Possen, wie sie im Mittelalter üblich waren.

Man verstand in der damaligen «Hauptstadt der Bretagne», Feste zu feiern. Unter Herzog Franz II. entfaltete sich im Schloss wahrhaft königlicher Prunk. Fünf Minister und drei Ratskollegien standen dem Souverän bei seinen Regierungsgeschäften zur Seite, und siebzehn Kammerherren, vier Hofmeister, eine grosse Anzahl von Sekretären, Knappen und Dienern gehörten zum Hofstaat. Sie wussten das Hofleben glanzvoll und abwechslungsreich zu gestalten, ohne dabei sonderlich auf gute Sitten achten zu müssen. So war es eine Zeitlang rauher Brauch, am frühen Morgen in Gruppen durch die Schlossräume zu laufen, die säumigen Schläfer aus dem Bett zu reissen und sie, wenn sie nach durchzechter Nacht gar nicht zu sich kommen wollten, in das kalte Wasser des Wallgrabens zu werfen. Vor solch derben Spässen war nicht einmal der Herzog sicher, der, um dem unfreiwilligen Bade zu entgehen, sich mit hohem Lösegeld freikaufen musste.

In diesem Schloss kam am 26. Januar 1477 Anne de Bretagne, spätere «Herzogin von Gottes Gnaden über Land und Meer», zur Welt. Als «La bonne Duchesse», aber auch als «Herzogin mit den Holzschuhen» wird sie heute noch von den Bretonen hoch verehrt.

Als sie mit 22 Jahren Witwe geworden war, musste sie vertragsgemäss den Nachfolger ihres ersten Mannes auf dem französischen Königsthron ehelichen, Ludwig XII. Nachdem dessen Ehe mit einer kränkelnden Frau gelöst worden war, durfte das Herzogsschloss zu Nantes die glanzvolle Hochzeit der «Bonne Duchesse» erleben, die damit zum zweiten Male französische Königin wurde.

Auch hat hier am 13. August 1598 König Heinrich IV. das berühmte Edikt von Nantes erlassen, das den Protestanten eine bedingt freie Ausübung ihrer Religion zusicherte und damit die mit Fanatismus geführten Religionskriege zu einem vorläufigen Ende brachte.

N. D. de Tronöen: der älteste und zugleich packendste Calvaire der Bretagne

In jener Zeit floss an dem Schloss noch ein Arm der Loire vorüber. Er musste zwar im Zuge der grosszügigen Umgestaltung der Quais und dem Bau der Uferstrasse weichen, doch hat man den Wassergürtel künstlich wiederhergestellt.

Ebenso wie das Schloss entstammt die nach den Plänen Mathias Rodiers im Jahre 1434 begonnene Kathedrale Saint-Pierre der grossen Zeit von Nantes. Die beiden innen am Hauptportal abgebildeten «Enfants Nantais», Rogatian und Donatian, zwei edle galloromanische Jünglinge, die 290 als Märtyrer starben, weisen in früheste Zeit zurück.

Mit ihrer hohen, mit einer Aussenkanzel geschmückten Fassade steht die Kirche heute wie ein grauer Felsklotz im brandenden Verkehr, der sich durch die Enge an der Porte St-Pierre zur Stadtmitte hindurchfädeln muss. Mit einer lichten Höhe von 37,5 Metern übertrifft das Innere dieser aus weissem Tuffstein gebauten Kathedrale alle anderen grossen Kirchenbauten der Bretagne. Obwohl man bis ins 19. Jahrhundert hinein an diesem Dom baute, überrascht doch die Einheitlichkeit des Flamboyantstils. Alles ist hier darauf abgestimmt, den Beter zu erheben, ihn von der Erde hinaufzutragen in lichtere Gefilde. Im rechten Kreuzschiff erwartet uns ein Meisterwerk der französischen Renaissance, das von dem zu Nantes geborenen Michel Colombe zwischen 1502 und 1507 geschaffene Hochgrab, mit dem die «Bonne Duchesse» ihre toten Eltern besonders ehren wollte. Die Tradition der bretonischen Bildhauerkunst, die draussen auf dem flachen Land sich in den oft ungelenk gestalteten Figuren der Calvaires zeigt, wurde hier noch einmal aufgegriffen und zugleich zu einem sonst in der Plastik kaum mehr erreichten Höhepunkt geführt. Vergleichbar ist dieses Grabmal jenen, die im fernen Dijon für die burgundischen Herzöge erstellt wurden.

Nur dem mutigen Eingreifen des Stadtbaumeisters von Nantes ist es zu danken, dass dieses zuerst in der Karmeliterkirche aufgestellte Werk vom Revolutionstribunal nicht zerstört wurde. Nachdem es Stück für Stück heimlich im Hause des kunstsinnigen Mannes geborgen worden war, wurde es 1817, als sich die politischen Wogen geglättet hatten, in der Kathedrale wieder aufgestellt. Die goldene Kassette, die einst das Herz der Anne de Bretagne im Grabmal barg, wurde zwar gefunden, aber sie war leer.

Das Monument zeigt die auf eine schwarze Marmorplatte hingestreckten Figuren des Herzogs und seiner zweiten Frau, Marguerite de Foix. Drei Engel halten für die Häupter der Liegenden Kissen bereit, als wollten sie damit die Aufnahme in den Himmel andeuten. Ein Löwe, als Sinnbild der Macht, liegt zu Füssen des Herzogs; ein Windspiel, Symbol der Treue, hat sich an die Füsse Margarethens geschmiegt. Apostel, Karl der Grosse, Ludwig der Heilige und die Namenspatrone des Herzogspaares sind zu Grabwächtern bestellt. Sie trauern zusammen mit verhüllten Klagefrauen um die Toten. An den Ecken des Grabmals stehen in Lebensgrösse die vier Kardinaltugenden: bei der Herzogin jene bereits eingangs erwähnte zwiegesichtige «Vorsicht», an der anderen Ecke die «Mässigkeit» mit Zügel und Trense in der Hand, mit denen die Leidenschaften gezügelt werden; dem Herzog ist die einen Drachen erwürgende, von einem Brustpanzer umschlossene, die «Kraft» versinnbildlichende Gestalt zugedacht, und ebenso die «Gerechtigkeit» mit Schwert und Waage. Wahrscheinlich hat, wie wir beim Vergleich mit zeitgenössischen Bildern feststellen können, Meister Michel Colombe für diese Gestalt Anne de Bretagne zum Vorbild genommen. Mit der Krone auf den dicken Haarflechten, hält die anmutige Königin Wache an der letzten Ruhestätte der Eltern.

In eine andere Welt führt uns ein Gang durch die Stadt, so vor allem durch das Stadtviertel auf der heute mit dem Festland verbundenen Insel Feydan. Die strengen, in klassizistischen Formen erbauten Paläste mit den geschwungenen Balkongittern, Karyatiden, reich skulptierten Konsolen und den klaren Giebelfenstern künden noch von dem Reichtum ihrer Erbauer. Es waren Reeder, die im 17. und 18. Jahrhundert mit Negern einen schwunghaften und einträglichen Menschenhandel betrieben. Man verfrachtete die gegen Branntwein und minderwertige Ware eingetauschten Negersklaven als «Schwarzes Gold» von Afrika nach den Antillen und brachte von dort Zucker als «Weisses Gold» zurück. Obwohl ungezählte Neger, die, wie Tiere eingepfercht, im Zwischendeck lagen oder kauerten, die Strapazen der Fahrt nicht überlebten, warf dieses Geschäft immer noch einen Gewinn von 200 Prozent ab, verkaufte man doch «das Stück Mensch» um 250 Franken.

Während sich die zivilisierte Menschheit immer energischer gegen diese Grausamkeit wandte, zeigte sich der wegen seiner Geschäftstüchtigkeit bekannte Voltaire ungerührt, zumal er mit 5000 Franken an dem lukrativen Geschäft beteiligt war.

Ende des 18. Jahrhunderts hatte der Handel in Nantes seinen Höhepunkt erreicht.

Während der Französischen Revolution fuhren statt der Handelsschiffe die Totenbarken, die «Nationalen Badewannen», über die Loiremündung. Diese Kähne waren eine Erfindung des vom Konvent nach Nantes entsandten Deputierten Carrier. Seine Aufgabe bestand darin, «den politischen Körper von allen in ihm kreisenden schlechten Säften zu befreien».

Die Kerker von Nantes waren von Priestern, Adligen und Verdächtigen derart überfüllt, dass man die Gefangenen möglichst rasch beseitigen musste, um für neue Platz zu schaffen. Carrier fand, dass die Guillotine zu langsam arbeite und das Pulver zum Erschiessen der Opfer zu schade sei. So wurden die Verurteilten wie Tiere auf Leichtern zusammengepfercht, die man in der Loire mitsamt ihrer Fracht versenkte.

In das Jahr 1832 fällt eine makabre, beinahe tragikomische Begebenheit. Schauplatz: das heute noch vorhandene Haus de Guiny in der Schloss und Kathedrale verbindenden Rue Mathelin-Rodin. Marie Caroline, Herzogin von Berry, die Todfeindin des Bürgerkönigs Louis Philippe, will die Vendée und die Bretagne für die Sache der Bourbonen wiedergewinnen. Da dieser Versuch scheitert, verbirgt sich die Herzogin in Nantes. Trotz eines grossen Aufgebots an Polizisten gelingt es nicht, ihr Versteck zu entdecken. Erst als ein von dem Innenminister Thiers gekaufter Jude die Herzogin verrät, besetzen Gendarmen das fragliche Haus. Als sie es leer finden, lassen sie eine Wache zurück. Die in der Novemberkälte frierenden Männer entzünden, um sich aufzuwärmen, in dem riesigen Kamin ein Feuer. Und plötzlich, beim Aufkippen der Kaminklappe kommt die Herzogin mit dreien ihrer Gefährten halb erstickt, russgeschwärzt und mit versengten Kleidern aus ihrem Versteck, in dem sie sich sechzehn Stunden aufgehalten hatte.

Heute ist das 200 000 Einwohner zählende Nantes mit seinem pulsierenden Leben zwar keine typisch bretonische Stadt, jedoch das südliche Tor zur Bretagne, darüber hinaus aber auch ein Tor zur Welt. Wie kaum eine andere hat diese siebtgrösste Stadt Frankreichs in den letzten Jahrzehnten eine ungeheure Wandlung durchgemacht. Neben vorwärtsweisendem Neuem und den eleganten Geschäften in der Rue Crébillon hat sich noch aus dem Jahre 1843 eine Kuriosität erhalten: die Passage Pommeraye, ein – wie man meinen könnte – dem Gehirn eines Surrealisten entsprungenes Raritätenkabinett.

Welche Möglichkeiten für einen Filmregisseur, die stählernen Treppen, verschnörkelten Geländer, die erregenden Durchblicke durch Vitrinen und mehrstöckige Galerien in einen Gruselfilm einzubauen!

Hier könnte der 1828 in Nantes geborene Jules Verne zu einigen seiner utopischen Bücher angeregt worden sein.

Im Moorland der Grande Brière

«Paradies der Jäger» wird die an Wasserwild reiche, nördlich von St-Nazaire sich hinbreitende Grande Brière genannt. Diese eigentümliche Moorlandschaft will entdeckt, mit dem Herzen erobert und – geliebt sein. Erst dem Liebenden erschliesst sie sich und zeigt ihm ihren geheimen Zauber. Man muss es einmal erlebt haben, dieses Fest der Farben, wenn die Sonne hinter dem zarten Gespinst des Schilfvorhangs als glühende Scheibe zu dem in weiter Ferne geahnten Meer hinuntersinkt und droben die Wolkeninseln, eine nach der andern, entzündet. Mit krummen Ästen wollen die Weiden das sinkende Licht festhalten. Wie Bittende stehen sie schwarz vor dem roten Abendhimmel, der sich in Wasserlachen und Tümpeln spiegelt, das Heidekraut noch röter macht und die weissgetünchten Häuser mit unwirklichem Licht überstrahlt. Selbst an trüben oder nebelverhangenen Tagen lohnt es sich, dieses Land zu durchfahren. Dann scheint es soeben aufgetaucht zu sein aus dem grossen Meeresgolf, in den vor Millionen von Jahren die inzwischen durch Dämme gebändigte Loire und die heute nach Norden abbiegende Vilaine mündeten. Was diese Ströme an Schwemmland mit sich trugen, genügte, um im Laufe von Jahrmillionen den Golf aufzufüllen und aus ihm ein Sumpfgebiet zu machen, aus dem sich nur die niederen Höcker von siebzehn Felseninseln erheben. Auf diese Kuppen haben sich ein paar armselige Dörfer geflüchtet. So, als wollten sie dem herandrängenden Brackwasser wehren, stehen die eng aneinandergeschmiegten Häuser im Kreis am Rande der Inseln.

Auf den dunkeln Wasserläufen, die das Land durchziehen, schwimmen Scharen von Enten, im Dreieck geordnet. Emporschnellende Fische zeichnen silberne Ringe auf die Flut, und der Schilfgürtel ist erfüllt von den schnarrenden, girrenden und lokkenden Lauten ungezählter Wasservögel. Ein schwarzer Kahn, dunkel wie die ebenholzharten Eichenknüppel, die man ab und zu tief im Moor findet, taucht hinter einer knorrigen Weide auf. Von dem Bauern mit langer Stange vorwärtsgetrieben, gleitet das Boot zwischen stachligen Binsen und Seerosen dahin. Für Augenblicke verstummt das Geschnarre, und die Enten weichen flügelrauschend aus. Der Kahn legt bei einem kleinen Gehöft an, das mit rotüberblühtem Strohdach zwischen weissen Birkenstämmen und braunen Schilfhaufen hervorblickt. Die Bäuerin sitzt vor der Haustür und flicht die Rohrhalme zusammen, vielleicht für einen Stuhlsitz, vielleicht zu einem Korb, mit dem sie übermorgen auf flachem Kahn zum Markte fahren wird.

Solchen und ähnlichen Bildern begegnen wir immer wieder auf unserer Fahrt nach St-Joachim, von wo wir nach links zur Ile de Fédrun abbiegen, einer richtigen, von dunkeln Moorgräben umzogenen Insel, die über zwei gebogene Brücken erreichbar ist. Von diesem, seiner Weltabgeschiedenheit wegen wohl eindrucksvollsten Punkte unserer Fahrt, geht es nordwärts nach La Chapelle-des-Marais und über St-André-des-Eaux wieder in das Grossstadtgetriebe von St-Nazaire zurück.

Hinter uns liegt ein Landstrich, erfüllt von einer so selten gewordenen Stille und zugleich voller Eigenart, die sich auch in der seit dem 16. Jahrhundert bestehenden «Charte de la Brière» zeigt, nach welcher bestimmt wird, dass sechstausend Hektar der Brière (brie = Schlamm) ungeteilter Besitz aller hier angrenzenden Gemeinden sind. Heute hat die oftmals erneut bestätigte und noch immer gültige Charta kaum mehr Bedeutung, können doch die Bewohner dieser Gegend nicht mehr, wie ehemals, von der Entenzucht, vom Fischen und Jagen oder vom Schilf- und Weidenflechten leben, auch nicht mehr vom Torfstechen, das in vergangenen Zeiten fast ebensoviel einbrachte wie heutzutage die Arbeit in den Fabrikhallen und Schiffswerften von St-Nazaire.

Bereits im 17. Jahrhundert leisteten die Werften im nahen La Roche-Bernard Erstaunliches, konnte doch dort auf Anordnung

Kardinal Richelieus ein Riesenschiff, «La Couronne», Perle des Meeres genannt, gebaut werden, das zum Prototyp für die Linienschiffe späterer Zeiten wurde.

Es ist kaum zu fassen, wie es damals möglich war, ein solches Schiff auf Kiel zu legen: siebzig Meter lang, sechzehn Meter breit, ausgerüstet mit zweiundsiebzig Meter hohen Masten, die an Höhe die Türme der Notre-Dame-Kirche zu Paris übertrafen.

Noch erstaunlicher war die Seetüchtigkeit und Manövrierfähigkeit dieses Giganten, der insgesamt achtundachtzig Geschütze an Bord hatte und damit praktisch unbesiegbar war.

Mit diesem Schiffsbau hat die kleine, terrassenförmig am Vilaine-Ufer aufsteigende Stadt den wichtigsten Beitrag geleistet für Frankreichs langjährige Überlegenheit zur See.

Die Salzsümpfe um Guérande

Ebenso interessant wie die Grande Brière ist das Gebiet zwischen dem berühmten Badeort La Baule und Guérande.

Noch im zweiten Jahrhundert nach Christus soll sich von der Felseninsel de Batz bis nach Guérande eine weite Meeresbucht erstreckt haben, in der, wie manche Forscher meinen, die Seeschlacht der Römer gegen die Veneter stattfand.

Das allmähliche Absinken des ganzen Gebietes um etwa fünfzehn Meter verwandelte nach und nach den Golf in ein sumpfartiges Gebiet. Nur bei Le Croisic haben die «Marais Salants» noch einen schmalen Anschluss an die offene See. Weite Flächen dieser melancholischen, topfebenen Landschaft dienen noch heute der Salzgewinnung.

Schiffe zur Zeit der Ebbe im Hafen von Dahouët

«Marais Salants» zwischen La Baule und Guérande

Pointe du Van mit der Kirche St-They, wo bangende Frauen immer wieder um die glückliche Rückkehr der ausgefahrenen Fischer bitten

Gehöft auf der weltabgeschiedenen Ile Fédrun
in der Moorlandschaft der Grande Brière

Auf dem Wege nach Guérande kommen wir an den vielen in gleich grosse Quadrate aufgeteilten Wasserbecken vorüber, die begrenzt werden durch kleine Dämme aus lehmhaltiger Erde.

Wir können es uns nicht versagen, eine steile Böschung hinunterzusteigen, den Finger in das kristallklare, salzgesättigte Meerwasser zu tauchen und es zu kosten. Ein als Salzarbeiter beschäftigter Mann hat sich uns zugesellt; bereitwillig erzählt er von seiner Arbeit. Zur Zeit der Flut wird das Meerwasser, das dort unten einer Röhre entquillt, durch kleine Kanäle («étiers») herangeleitet, wo es sich in einer Folge immer flacher werdender Becken klärt und verdichtet. In den «œillets», deren Höhe nur noch fünf Zentimeter beträgt, kristallisiert sich schliesslich das Salz aus dem verdunsteten Wasser. Von Mai bis September holen die Salzarbeiter mit grossen Rechen das den Boden bedeckende graue Salz heraus. Den Arbeiterinnen hingegen obliegt es, das weisse Salz mit flacher Schippe an der Oberfläche abzuschürfen. Die so eingebrachte «Ernte» wird auf kleinen, über die Böschungen verteilten Platten getrocknet, dann zu Haufen zusammengerecht, im Speicher der Saline aufgestapelt und später verfrachtet. Obwohl etwa sechstausend «œillets» ausser Betrieb gesetzt wurden, zählt man heute noch etwa dreissigtausend solcher Becken, die eine Grösse von zehn auf sieben Meter haben. Das Erträgnis eines dieser «œillets«, das durchschnittlich im Jahr zweitausend Kilogramm beträgt, hängt ganz davon ab, ob der Sommer trocken oder feucht ist, d.h. ob das salzhaltige Meerwasser rascher oder langsamer verdunstet.

Da hierzulande die Sommer oft niederschlagsreich sind, wird die Konkurrenz der am Mittelmeer liegenden, unter besseren Wetterbedingungen arbeitenden Salinen immer spürbarer.

Gespannt folgen wir den Erklärungen des Salzarbeiters, der auch über seine Heimat gut Bescheid weiss. Während sein Blick über die mattblinkenden Salztümpel in die Ferne schweift, erfahren wir folgendes: Im Süden des Landstrichs, wo jetzt am kilometerlangen Strand von La Baule sich Hotel an Hotel und Strandkorb an Strandkorb reihen, tobte im Jahre 1527 ein tagelang andauernder Sturm, der den Sand vor der Loiremündung auftürmte und in die Strassen der kleinen Stadt Escoublac hineinblies. Nach jahrelangem Kampf mit dem allmählich vordringenden Sand räumten die Bewohner im 18. Jahrhundert das Feld. Der heute einige Kilometer landeinwärts gelegene Ort wird jetzt durch den künstlich angelegten Pinienwald von La Baule, dem Bois d'Amour, beschützt.

So wird das Meer zum Nehmenden und zugleich zum Gebenden. Den Reichtum, den das Salz schenkte, verwendete das im Norden der «Marais Salants» liegende Guérande für seine mit zehn Türmen verstärkten, von vier Toren durchbrochenen, heute noch völlig erhaltenen Befestigungsmauern. Der Herzog d'Aiguillon, Gouverneur der Bretagne, liess im 18. Jahrhundert den Stadtgraben auffüllen und jenen kreisrunden Promenadeweg schaffen, von dem aus die «remparts» immer wieder in anderer Sicht sich darbieten. Nur im Norden füllt noch trübes, von einem grünen Wasserlinsenteppich überzogenes Wasser den Graben. Die ganze Stadt mutet von aussen gesehen wie eine gewaltige Burganlage an, die man durch vier wiederum als selbständige Befestigungsanlagen ausgebaute Stadttore betreten kann. Wer mochte es schon wagen, das von zwei drohenden Rundtürmen flankierte Tor St-Michel anzugreifen? Konzentrisch laufen von den Toren aus die von pittoresken Häusern umgebenen Strassen zur Stadtmitte mit der hochgereckten Kirche St-Aubin. Eine originelle Aussenkanzel gab dort dem Priester die Möglichkeit, auch zu der vor dem Gotteshaus versammelten Menge zu sprechen. Im Innern erwarten uns an acht aus dem 12. Jahrhundert stammenden Säulen seltsame Kapitäle, ein grosses Farbfenster und eine gotische Seitenkapelle.

An der Landstrasse von Guérande nach Herbignac kauern Scheunen mit eingebrochenen Dächern neben einstöckigen bretonischen Häusern mit der typischen Lukarne über dem Eingang. Unwillkürlich kommt uns eine Zeile aus dem «Kornett» von Rilke über die Lippen: «Es gibt keine Berge mehr, kaum einen

Baum. Nichts wagt aufzustehen. Fremde Hütten hocken durstig an versumpften Brunnen. Nirgends ein Turm. Und immer dasselbe Bild.»

Nur manchmal steigt aus der weiten Horizontalen der Turm einer stillgelegten Windmühle empor, die mit hilfesuchend hochgereckten Flügelarmen ihrem Verfall entgegenblickt. Ein paar Schafe grasen zu ihren Füssen und stehen silhouettenhaft vor dem grauverhangenen Himmel. Sie scheinen darauf zu warten, dass der Müller aus der Haustür tritt, den zerbeulten Eimer an rostiger Kette in die gemauerte Zisterne taucht und mit dem abgestandenen Wasser den steinernen Trog füllt, der schon seit Urväterzeiten Tieren zur Tränke dient.

Malerisches Vannes

Vor dem modernen, im Renaissancestil erbauten Rathaus steht das Standbild des Kronfeldherrn Richemond, der hoch zu Ross wie einst im 15. Jahrhundert immer noch für die Freiheit der Bretagne zu kämpfen scheint.

Diese mit Blut und Schweiss erkaufte Unabhängigkeit, die im 9. Jahrhundert mit dem hier residierenden König Nominoë begann, ging endgültig verloren, als die 1532 zusammengetretenen Landstände «die ewige Vereinigung des Landes und des Herzogtums Bretagne mit dem Königreich und der Krone Frankreichs» ausriefen.

Von dem weiten mit Kugelbäumchen bepflanzten Platz Maurice-Marchais biegen wir in eine schmale Gasse und sehen nach wenigen Schritten zwischen auskragenden, mit rotem Gebälk geschmückten

Fachwerkhäusern die gotische Fassade der Kathedrale St-Pierre aufragen.

Sie steht in seltsamem Gegensatz zu einer am linken Seitenschiff angebauten Rotunde, in der uns nicht die typisch bretonische, sondern eine am italienischen Vorbild geschulte Renaissance entgegentritt. Hinter den Resten eines Kreuzganges wächst der 1537 entstandene Anbau empor. Er birgt das Grab des heute noch hochverehrten Heiligen Vincent Ferrier, der nach weiten Reisen durch ganz Europa hier verstarb. Dieser als Redner aussergewöhnlich begnadete spanische Dominikanermönch predigte nicht nur in seiner Muttersprache, sondern auch auf französisch, englisch, italienisch und deutsch. Durch die Macht seiner Rede gelangte in Spanien ein König, in Rom ein Papst auf den Thron. Von Herzog Jean V. nach Vannes berufen, wohnte er hier in dem heute noch stehenden Haus Nr. 17 in der Rue des Orfèvres, wo er in ärmlicher Zelle 1419 verstarb. Auf Grund seines makellosen Lebenswandels und der ihm zugeschriebenen Wunder wurde er schon 1455 heiliggesprochen. Wie hochgeschätzt dieser Heilige in ganz Europa war, beweist die Tatsache, dass während der Liga die in der Bretagne kämpfenden spanischen Truppen mit Waffengewalt die sterblichen Überreste des Mönchs zu entführen versuchten. Doch die Domherren hatten die Reliquien so gut versteckt, dass sie erst vierzig Jahre später wieder gefunden wurden. Heute künden die 1615 gewobenen Teppiche in der Sakramentskapelle, zusammen mit einer Bildtafel, von den Wundertaten und der Heiligsprechung des frommen Mönches.

Neben solchen Kostbarkeiten verblassen die Altäre, Gräber und Standbilder aus dem 17. und 18. Jahrhundert, die von dem schweren Gewölbe fast erdrückt werden.

Auf dem Wege zum Glanzpunkt von Vannes, der Promenade de la Garenne, erleben wir den Zauber vieler alter Wohnhäuser, darunter auch des berühmt gewordenen Maison de Vannes mit den beiden verschmitzt lächelnden Holzbüsten «Vannes et sa femme».

Von einer kleinen Aussichtskanzel im einstigen Park des Herzogsschlosses aus schauen wir einem Maler über die Schulter. Er ist gerade dabei, den mit den Ornamenten französischer Gartenkunst bestickten Wallgraben und den unter hängenden Weiden hinziehenden Bach auf die Leinwand zu bannen, ein, wie er meint, von Fremden vielbegehrtes Motiv. Im grünlichen Wasser spiegeln sich die ehemaligen Befestigungsanlagen mit Türmen und Bastionen sowie der eigenartige Bau eines altertümlichen Waschhauses mit tief heruntergezogenem Schieferdach, geraniengeschmückten Dachluken und den an ihren Waschbrettern werkenden Frauen.

Rund um den Golf von Morbihan

Im Zeitalter des Autos brauchen wir nicht, wie Stendhal es einst versuchte, den Golf von Morbihan (= kleines Meer) zu Fuss zu umwandern, um uns an geschützter Stelle an Kamelien, Granat- und Feigenbäumen, an Myrten und am Dufte zarter Mimosen zu erfreuen. Bequem erreichen wir heute mit dem Wagen von Vannes aus das südwestlich gelegene Sarzeau, wo wir des hier 1668 geborenen Lesage gedenken, der u. a. den weltberühmten Roman «Gil Blas», das französische Gegenstück zum «Simplizissimus», und die Sittenkomödie «Turcaret» verfasste.

Lassen wir es uns nicht nehmen, von Sarzeau aus die Ruinen der Lieblingsresidenz der bretonischen Herzöge zu besuchen: Suscinio! Wo heute schwarzgekleidete Frauen mit Holzschuhen an den Füssen durch die Gassen des armseligen Dorfes schlurfen, erhob sich einst ein Bau, von dessen Grösse noch sechs Torsi von Türmen, himmelragende Kamine und dächerlose Wohnbauten mit leeren

Fensterhöhlen künden. Die hier verstorbenen Herzogskinder fanden ihre letzte Ruhestätte in der ehemaligen Abteikirche von Saint-Gildas-de-Rhuys, mit welcher der Name Abélard aufs engste verknüpft ist. In dem zur Kirche gehörenden Kloster büsste der grosse Gelehrte für sein Liebesverhältnis zu seiner Schülerin Heloïse bei zuchtlosen Mönchen «im Angesicht wildbrüllender Meereswogen».

Sehenswert ist hier der einzigartige Kirchenschatz und die Grabplatte des Gründers der Abtei, des 493 in England geborenen Sankt Gildas, des ersten Geschichtsschreibers dieses Landes.

Auf unserer Weiterfahrt erreichen wir vor Port-Navalo den Tumulus von Thumiac. Von hier aus soll Julius Cäsar im Jahre 58 vor Christus bei seinem Kampf gegen die äusserst seetüchtigen Veneter (der Name hat sich noch in Vannes erhalten) dem Verlauf der Seeschlacht gefolgt sein, die für die Niederwerfung dieses Volksstammes entscheidend war. Da er den Venetern zu Lande nicht beikommen konnte, liess Cäsar eine Flotte flacher Schiffe bauen, die er dem Befehl seines Unterfeldherrn Brutus unterstellte. Nur durch das Zusammentreffen verschiedener für die Römer glücklicher Umstände konnten diese die 220 Schiffe starke feindliche Flotte vernichten. So machte eine plötzlich eintretende Windstille die hochgebauten und damit schwer anzugreifenden Segelschiffe der Veneter manövrierunfähig, während die von Ruderern angetriebenen römischen Galeeren beweglich blieben. Wie Cäsar in seinem «Gallischen Krieg» in Buch 3, Kapitel 14, ausführlich beschreibt, bewährte sich bei dieser Seeschlacht eine von ihm getroffene Massnahme trefflich. Mit scharfgeschliffenen, an langen Stangen befestigten Sicheln mähten die Legionäre auf den gegnerischen Schiffen die Taue, welche die Rahen an den Mastbäumen festhielten, ab. Die Segel stürzten nieder, und das bewegungslos gewordene Fahrzeug wurde für die Römer eine leichte Beute.

Heute gedeiht auf der Halbinsel Rhuys ein bretonischer Wein, der allerdings für den bei Nantes reifenden «Muscadet» kein Konkurrent ist. Von ihm sagt ein Sprichwort: Um ihn zu geniessen, benötigt man vier Männer und eine Mauer, nämlich einen, der ihn eingiesst, einen, der ihn trinkt, zwei, die den Zecher halten, und eine Mauer, die ihn daran hindert, davonzulaufen!

Das Königsgrab auf der Ziegeninsel

Pünktlich erscheint der Bootsmann, mit dem wir uns gestern abend über den Preis für die Überfahrt auf die im Golf von Morbihan liegende Insel Gavrinis geeinigt hatten, beim Landesteg vor dem Hotel Le Grand Air, um uns von Larmor-Baden aus auf das Ziegeneiland zu bringen.

Eigentlich wollten wir die fast unbekannte Insel Er-Lanic mit ihrem Cromlech von 49 zum Teil von den Gezeiten umgeworfenen Menhiren aufsuchen, hatten uns aber dann doch für Gavrinis entschieden.

Sah es im Morgengrauen noch nach Regen aus, so treibt jetzt ein frischer Wind die tiefziehenden Wolkenberge vor sich her. Licht und Schatten wechseln in rascher Folge. Hier und dort leuchtet ein Stück Strand smaragden auf, um bald wieder unter dem Schatten einer Wolke sich einzudunkeln. Das Wasser im Golf von Morbihan, dem «Kleinen Meer», ist leicht bewegt, wie wir vom Land abstossen, um uns durch die Bucht der 365 Inseln zu jener einen bringen zu lassen, die, wie wir vom Hörensagen wissen, das schönste vorgeschichtliche Grosssteingrab der Welt birgt. Wie Spitzen versunkener Berge tauchen Inseln aus dem Wasser und entschwinden wieder.

Gibt es eine bessere Einstimmung für das, was uns erwartet, als diese Fahrt in dem leise tuckernden Motorboot, jener schwankenden Nussschale, die schwerelos zwischen Himmel und Erde hinzugleiten scheint, und die uns von allem hinter uns Liegenden löst, von der Erde und ihrer Zeit! Vielleicht hat die Barke, die den Leichnam eines Fürsten vor 5000 Jahren aus dem Gebiete von Carnac auf diese «Toteninsel» brachte, schon denselben Weg genommen.

Die Verzauberung hält an, wie das Boot an einem primitiven Landesteg anlegt: Arkadisches Land liegt vor uns, eine Insel, homerischen Versen entstiegen. Hinter jeder Dornenhecke, jedem Steinblock kann sich der gehörnte Pan verbergen, ja man glaubt im harfenden Wind den Ton seiner Hirtenflöte zu hören. Nur die Ziegen, die der Insel den Namen gaben, fehlen. Statt ihrer vervollständigen ein paar Schafe, die zwischen den mannshohen Goldmauern des Ginsters weiden, die bukolische Idylle. Ein Saumpfad führt uns zu einem Wiesenweg und weiter in eine Allee schattenspendender Eichen, wahrlich ein wundervoller Zugang zu einem Königsgrab. Hinter einem hingeduckten Bauerngehöft hat uns ein junger Bursche entdeckt, der mit Kerzen in der Hand sich anbietet, uns zu dem prähistorischen Mausoleum zu führen. Acht Meter hoch ist der auf einem natürlichen Hügel errichtete Tumulus, und hundert Meter misst er im Umfang. Es muss ein mächtiger, vielleicht göttergleich verehrter Fürst gewesen sein, dem man solch ein gewaltiges Bauwerk errichtete, damit er fernab von Menschen ungestört seinen letzten grossen Schlaf tun könne.

Ehrfurchtsvoll betreten wir, die entzündete Kerze in den Händen, den dreizehn Meter langen, gepflasterten Gang, der nur so breit ist, dass wir mit ausgestreckten Armen die links und rechts stehenden Stützblöcke ertasten können, über denen neun mächtige Deckplatten liegen. Das flackernde Licht unserer Kerzen lässt an den Tragsteinen eingemeisselte Skulpturen erkennen: konzentrische Kreise, Schlangen und anderes, was wir nicht zu deuten vermögen. Für Augenblicke vom Kerzenschein zu schemenhaftem Leben erweckt, versinken diese rätselhaften Zeichen wieder im Dunkel.

Menhir bei St-Duzec, der, zum Zeichen des Triumphes Christi über die alten Götter, mit christlichen Symbolen geschmückt wurde

Am Ende des Ganges erwartet uns die etwa zweieinhalb Meter im Geviert messende Totenkammer, in der wir aufrecht zu stehen vermögen. Und doch ziehen wir unbewusst den Kopf ein, indem wir zu der auf acht Stützen ruhenden Deckplatte emporblicken, die in einem Stück den ganzen Raum überspannt. Doch sie wird uns nicht begraben, sondern wohl noch ungezählte Jahre die Kammer des Toten beschützen mitsamt ihren merkwürdigen Gravierungen, die vielleicht als eine schematische Darstellung der Magna Mater und ihrer Attribute gedeutet werden können. Man wird nie ganz enträtseln, was diese Gesichter, rippenartigen Rillen, Beile und Kettenglieder bedeuten und in welchen Beziehungen diese Symbole zu dem Toten oder seiner Umwelt standen.

Pünktlich, wie vereinbart, steht unser Bootsmann wieder an dem Landesteg. Ein Wolkenschatten legt sich über das Eiland, das uns entschwindet als ein Stück glückliches Arkadien, umspielt von der blauen Flut des Morbihan.

Begegnung mit den Toten

Das erste Totenmal, dem wir auf unserer Bretagnefahrt begegnen, steht in St-Nazaire auf einem kleinen, von nüchternen Neubauten umgebenen Platz. Hier scheint dieser «Lichaven» genannten Anlage eine doppelte Bedeutung zuzukommen: Sie ist Denkmal für einen vor 5000 Jahren beigesetzten Unbekannten und zugleich Mahnmal in einer vom Kriege furchtbar gezeichneten Stadt, die aus ihrer Vergangenheit nichts anderes mehr aufzuweisen hat als dieses wie durch ein Wunder unversehrt gebliebene Steintor. Es wird gebildet aus zwei Tragsteinen und einem dritten darüber-

Fontaine de St-Vennec

gelegten Felsblock. Ein Tor – aber wohin führt es? Auch der feinbearbeitete daneben aufgerichtete Menhir weiss keine Antwort. Als stummer Zeuge hat er 1942 den kühnen Handstreich der Engländer auf St-Nazaire miterlebt, er sah den gewaltigen U-Boot-Bunker drunten am Hafen emporwachsen, und er hielt stand, als in 49 Bomberangriffen ein apokalyptischer Feuerhagel vom Himmel fiel.

Den zweiten Dolmen finden wir in gänzlich anderer Umgebung. Er steht in der Nähe von Carnac auf einer kleinen Anhöhe inmitten von goldenem Ginster, wiederum ein dem griechischen π (Pi) nachgebildetes Tor, das diesmal aber nicht ins Leere, sondern mitten hinein in den dahinter tiefblau erstrahlenden Himmel führt. Hatten die Erbauer des Grabmals dies bedacht, war schon für sie der unendliche Himmel der Ort, in den der Tote einging?

Ergriffen, ja andächtig steigen wir zu dem schlichten Dolmen empor, auf schmalem Fusspfad, den Ungezählte vor uns gingen und viele noch nach uns gehen werden. Die Zeit steht still.

Weiter geht die Fahrt nach Locmariaquer, ehemals vielleicht die Nekropole der Fürsten jener rätselhaften Steinzeitmenschen. Dort stehen wir wiederum vor einem Grabhügel, der berühmten «table des marchands», dem «Tisch der Händler». Ein paar buntgekleidete Kinder tummeln sich vor dem Eingang, und ein einheimisches Ehepaar hat sich den Hügel als Picknickplatz erwählt.

Im Innern des Dolmens geleitet uns eine ehrwürdige Prozession riesiger Tragsteine zur eigentlichen Totenkammer. Nachdem sich die lichtgeblendeten Augen an das Dunkel gewöhnt haben, entdecken sie auf einem den Raum beherrschenden, sorgfältig zugespitzten Tragstein geheimnisvolle Zeichen. In flachem Relief stehen vier Krummstäbe, Golfschlägern gleichend, in Reihen übereinander, die man als von der Sonne gereifte Ähren deuten kann. Um diese Reliefs scheinen Flammen zu züngeln. Während wir noch an diesen Zeichen herumrätseln, fällt ein Lichtstrahl auf das helle Kleid unserer Begleiterin, wirft seinen Schein an die enorme Deckplatte und lässt dort wiederum ein seltsames Zeichen, vielleicht einen stilisierten Pflug aufleuchten. In diesen Raum dringt nicht mehr das Lachen der draussen spielenden Kinder; die Stille und Geborgenheit der Höhle, der Urform der Steingräber, hat auch uns in ihren Schutz genommen. Kaum hundert Schritte entfernt liegt, hinter Buschwerk versteckt, ein weiterer Grabhügel, Mané-Lud, und ein dritter, Mané-Ruthual: eine Totenstadt, zu deren Wächter wohl der gewaltige Feenstein, der als höchster Menhir der Welt vielbewunderte «Men-er-Hrock», bestellt war. Der Riese, ein Urahne der bretonischen Kirchtürme, reckt sich heute nicht mehr empor. Vielleicht bestrafte der Himmel durch einen Blitzschlag die Hybris der Ersteller, vielleicht stürzte religiöser Fanatismus den Stein. Heute liegt er in vier Stücke zerbrochen im kargen Gras, noch als Fragment ein Gigant!

In der Nähe von Carnac erwartet uns ein Totenmal in dem Tumulus St-Michel, mit 120 Metern Länge der grösste Grabhügel Europas. Zwölf Meter hoch ragt der langgestreckte, von Menschenhänden in der Bronzezeit aufgeschüttete Berg über das Eiland. Er wird der Länge und Breite nach durchzogen von einem Labyrinth niederer Gänge, die wir durch eine von Gebüsch verdeckte, mit eisernem Tor verschlossene Pforte in Begleitung eines Führers betreten. Kühle schlägt uns aus dem waagrecht in den Hügel getriebenen Stollen entgegen. Das Licht unserer Kerzen tastet an den Wänden entlang und lässt den Weg in das Reich der Toten noch geheimnisvoller erscheinen, als die zerstörte elektrische Beleuchtung dies vermocht hätte. In gewissen Abständen öffnen sich links und rechts niedere Grabkammern. Dann verzweigt sich der Weg. Schon lange haben wir die Richtung verloren und sind nun auf Gnade und Ungnade unserem Führer ausgeliefert, der uns hoffentlich aus dem Gewirr von Gängen wieder hinausführen wird. Endlich zeigt sich ein schmaler Lichtstreifen, wir treten aus dem Hades an einer weit vom Eingang entfernten Stelle und atmen erleichtert auf: Die Erde hat uns wieder.

Was der Spaten der Archäologen den Grabstätten entriss – Goldschmuck, bläuliche Perlen, Amulette, polierte Äxte, Steine mit eingeritzten Gesichtern, Ringe, Ketten, Beigaben für die Toten – liegt heute geborgen in dem einzigartigen Museum zu Carnac.

Die dortige, aus dem 17. Jahrhundert stammende Kirche trägt stolz über dem linken Eingang einen einzigartigen Baldachin in Form einer steinernen Krone, die aus einem der schönsten Menhire gefertigt sein soll. Der heilige Cornély, flankiert von zwei Öchslein, grüsst von der Kirchenfassade herunter. Auch im Innern der ihm geweihten Kirche erzählen die interessanten Deckengemälde im Mittelschiff das Leben des hochverehrten Heiligen.

Die steinernen Soldaten des heiligen Cornély

Man wird die bretonischen Kirchen, die himmelragenden Türme, die Bildersprache der Calvaires, aber auch die tiefe Gläubigkeit der Bretonen, hinter der sich immer noch ein Rest Aberglauben verbirgt, nie ganz verstehen, beginnt man nicht dort, wo vor 4000 Jahren die der jungen Steinzeit angehörenden Bewohner des Landes ihre Dolmen, die Hünengräber, bauten und die unbehauenen Steinsäulen der Menhire errichteten. Was zur Zeit der Megalithkultur geschaffen wurde, hat durch die Jahrtausende fortgewirkt. Die Nachfahren jener Steinzeitmenschen waren gezwungen, mit dieser Hinterlassenschaft aus grauer Vorzeit sich auseinanderzusetzen, sie seelisch zu verarbeiten, ihrem Sinn nachzuspüren und sie zu deuten, so gut es eben jede Epoche vermochte, die Druiden anders als die Römer und diese anders als die christlichen Missionare oder die Menschen unserer Zeit. Die Legionen Cäsars schmückten nach der Eroberung des Landes im Jahre 57 vor Christus einzelne Menhire mit den Abbildern römischer Gottheiten, wie den im Museum zu Quimper stehenden ebenmässig geformten Monolithen. Die meisten Säulensteine jedoch blieben unangetastet, vielleicht aus Scheu vor dem Fremdartigen, vielleicht durch den Einfluss der Druiden, die den Steinmauern dadurch einen neuen Sinn zu geben versuchten, dass sie diese als Opfersteine verwendeten. Die Missionare, die vom 5. bis 7. Jahrhundert das Christentum aus Britannien nach «Armorika» brachten, stürzten die Steine da und dort oder schmückten sie mit christlichen Symbolen, als könnten sie damit den Menhiren die Zauberkraft nehmen, die man ihnen beimass. So wird der mächtige Menhir bei Saint-Duzec, nahe Trébeurden, von einem schlichten, aus dem Stein herausgehauenen Kreuz gekrönt, sichtbares Zeichen dafür, dass Christus über die Macht der alten Götter triumphiert. Unter dem Kreuz hat der Bildhauermönch, der sicherlich kein grosser Künstler war, alles eingemeisselt, was auf die Kreuzigung Bezug hat: eine derbe, bäuerliche Mutter Gottes, rechts und links davon Mond und Sonne, Geissel, Hammer und Zange, den Rock Christi, die Stange mit dem Essigschwamm, und, auf einer Säule stehend, den Hahn als Symbol des Verrates Petri. Und doch vermochte der christliche Glaube nicht, die Steine ihrer mystischen Kraft zu berauben. Noch heute sieht der Volksglaube in ihnen menschliche Wesen, die nachts zum Brunnen gehen, um ihren Durst zu löschen, die im Mondlicht tanzen, weinen und reden können, den Blitz ablenken, ja sogar wie Baum und Strauch zu wachsen vermögen. Wie man erzählt, sollen immer noch Frauen heimlich zu diesen Menhiren schleichen, sie berühren und dabei um Kindersegen bitten. Mit Hexen, Kobolden und Zwergen sollen diese geheimnisumwitterten Steine im Bunde stehen. Sie ziehen in der Christnacht in langer, geisterhafter Prozession über die Heidelandschaft, und wehe dem Wanderer, der zu solch nächtlicher Zeit diesem Schemenzug begegnet – er wird von den Giganten erdrückt.

Hierzulande sind die Menschen gezwungen, mit den Menhiren gleich wie mit den Haustieren und dem Vieh zusammenzuleben. Schon den kleinen Kindern erzählt man von den Steinsäulen. Deshalb sind wir gar nicht verwundert darüber, dass uns am Tumulus St-Michel bei Carnac, kaum sind wir angekommen, ein Dreikäsehoch mit der stereotypen Frage begrüsst: «Messieurs, Dames, voulez-vous que je vous raconte la légende des Menhirs?» Noch ehe wir uns zu diesem Anerbieten äussern können, erzählt er in einem tadellosen Französisch, das gar nicht zu seiner abgerissenen Kleidung passt, die Geschichte der Menhire. Obwohl diese zur Zeit der Römer bereits an die 2000 Jahre standen, berichtet der Kleine, dass es sich bei den aufrecht stehenden Felsen um versteinerte römische Legionäre handle. Das sei so gekommen: Der Schutzheilige von Carnac, der wundertätige Patron allen Hornviehs, St-Cornély, zuvor in Rom ein mächtiger und frommer Papst, zog mit zwei Ochsen, die ihn und sein Gepäck trugen, in die Bretagne. Aber der Kaiser von Rom sah den heiligen Mann nur ungern scheiden. Darum schickte er ihm ein Heer nach, das sich in Schlachtordnung St-Cornély entgegenstellte. In seiner Not rief dieser Gott zu Hilfe, und alsbald verwandelten sich die Legionäre in Steine und wurden so zu «soldats de St-Cornély».

Durch ein Trinkgeld belohnt, führt uns der Junge auf einem mit Stechginster verwachsenen Weg hinauf zum Gipfel des «Tumulus St-Michel». Ein Kreuz und eine künstlerisch wertlose Kapelle krönen den heidnischen Grabhügel. Welch ein Ausblick von hier oben!

Auf zwei Kilometer lang sich hindehnenden, mit hartem Gras bewachsenen Feldern reiht sich ein Menhir an den andern. Sie vereinigen sich zu einem Heer, zu Alleen, die sich in der Ferne verlieren. Was bedeuten diese seltsamen Steinprozessionen? Dienten sie kultischen Zwecken, waren es Kampfbahnen, auf denen man um den Siegespreis rang? Lag hier ein Ort lang vergessener kultischer Handlungen zu Ehren der Magna Mater, der «Grossen Mutter»-Göttin? Vielleicht handelt es sich um eine Anlage, die astronomischen Zwecken diente! Dann müsste es möglich sein, aus dem Stand der Menhire zueinander ein Zahlensystem zu konstruieren, das mit dem Gang der Gestirne und damit mit dem Ablauf des Jahres in Verbindung steht. Manches spricht für diese Theorie, denn die Alignements bei Carnac undMénec sind beispielsweise genau von Westen nach Osten, also der aufgehenden Sonne zu, orientiert. Zudem enden jene von Ménec in einem aus vier Meter hohen Menhiren bestehenden Kreis, einem Cromlech, der stark an die Stonehenge-Anlage in England erinnert. Lange Zeit neigten die Forscher zu dieser Deutung, glaubten sie doch aus den Positionen der Menhire die Tagundnachtgleiche und die Sonnenwende ablesen zu können. Heute ist man mit solchen Spekulationen etwas vorsichtiger geworden, wie auch mit der Annahme, dass es sich hier um keltische Tempelanlagen handeln könnte, die zwar Säulen, aber kein Dach besitzen.

Auf jeden Fall müssen Menschen mit Zyklopenkräften diese Menhire aufgestellt haben, darunter den grössten der Welt, den zwanzig Meter hohen und siebentausend Zentner schweren «Feenstein» bei Locmariaquer.

Wir bewundern schon die Architekten, welche auf dem Petersplatz in Rom oder auf der Place de la Concorde in Paris mit den uns heute zu Gebote stehenden Hilfsmitteln die Obelisken aufrichteten; um wieviel mehr müssen wir die Steinzeitmenschen bestaunen, die nur Feuer und Wasser kannten, mit deren Kraft sie die tonnenschweren Blöcke aus den Wänden der Steinbrüche sprengten, und die lediglich Rutschen, Rollen und schlittenartige Gestelle besassen, auf denen sie die Steinkolosse oft kilometerweit über das Heidegras schleiften! Mit ihren primitiven Werkzeugen hoben sie die Gruben aus, in welche sie die Steinsäulen gleiten liessen, um sie dann mit Seilen in die Vertikale zu ziehen.

Als im fernen Ägypten die Tempel von Karnak noch nicht standen, reckten sich im bretonischen Carnac bereits die Menhire zum Himmel. Tempel und Obelisken, Dolmen und Menhire, Zeugen einer Kultur und Religion, in deren Mittelpunkt der Totenkult steht und die man in irgendeiner Form auf der ganzen Welt verbreitet findet.

Wir können es kaum erwarten, von der hohen Warte des Tumulus St-Michel zu den Alignements hinunterzusteigen. Allein bei Carnac fügen sich 2935 Menhire zu einer Kette von vier Kilometern Länge zusammen. Bei Ménec sind es 1099; bei Kermario stehen auf einer Strecke von elfhundertzwanzig Metern in zehn Linien nebeneinander 982 Menhire, von fünfzig Zentimetern bis zu sechs Metern Höhe ansteigend. Der dazugehörige Cromlech ist völlig verschwunden. Hingegen erhebt sich am Ende dieser Alignements bei Manio auf einem künstlichen Hügel ein besonders hoher Säulenstein, an dessen Fuss man fünf polierte Steinäxte und fünf aufgerichtete Schlangen fand. Was bedeuten schon Zahlen und Masse, auch wenn sie uns durch ihre Grösse überwältigen! Ein Spaziergang zwischen den Steingiganten vermag mehr zu übermitteln als alle wissenschaftlichen Theorien. Man muss es selbst erlebt haben, wie die tiefstehende Abendsonne die Menhire mit rötlichem Licht überhaucht, wie sie die seltsamen Formen herausmodelliert und die Steine zu Fabelwesen, Gnomen, Feen oder zu Mönchen werden lässt, die, in Kutten gehüllt, im windgekämmten Gras kauern.

Ist das die Stunde, in der die Steine zu wachsen beginnen? Nein, nur ihre Schatten werden im roten Licht der sinkenden Sonne länger und länger. Bald haben sie eine ferne Bodenwelle erreicht, dann verlassen sie den Bereich der Erde und rühren an den Saum der Ewigkeit.

Geheimnisvolle Steinprozession! Alignement bei Carnac

Dolmen bei Carnac

Quiberon und die Belle-Ile

Bei Carnac erstreckt sich der Fühler der Halbinsel Quiberon fast fünfzehn Kilometer lang südwärts hinaus in das Meer. Oft nur ein paar hundert Meter breiter Damm, ist sie durch Schwemmland mit dem Festlande verbunden. Erst nach dem mächtigen Fort, das heute die schmälste Stelle der Halbinsel bewacht, wird diese breiter und steigt in der «Côte Sauvage» als gewaltiges Felsenriff empor.

Man sollte unbedingt das Auto in Kergroix abstellen und diese Strecke mit ihren Grotten und umgischteten Riffen bis zur Pointe de Conguel durchwandern. Die der Landzunge vorgelagerten Inselchen und Inseln, deren grösste die «Enteninsel», die Ile Houat ist, bildeten einstmals wohl mit der Ile Hœdic und der Belle-Ile ein zusammenhängendes Stück Land, welches vom Meer so lange benagt und zerstückelt wurde, bis nur noch Inselschollen auf dem Wasser trieben.

Immerhin birgt die 84 Quadratkilometer grosse, 17 Kilometer lange und bis zu 63 Metern aufsteigende «Schöne Insel» viele Dörfer und Weiler. Mit ihren weissgetünchten Häusern liegen sie zwischen Ginster, Weizen-, Hafer- und Roggenfeldern. Wo die Erde den Anbau von Kartoffeln, Mais, Erbsen und Möhren nicht mehr gestattet, ziehen Schafherden über karge Salzwiesen.

Berühmt geworden ist die Insel durch ihre landschaftlichen Schönheiten, die Felsenküsten und Höhlen, von denen die wie eine Riesenmuschel vom Brausen des Meeres erfüllte «Apothekergrotte» eines der bretonischen Naturwunder darstellt. Der seltsame Name rührt von den einst hier nistenden Kormoranen her, deren Nester aufgereiht in den Felsenhöhlen sassen wie die Salbentöpfe in Apothekenregalen.

Wo heute die von Port-Maria auslaufenden und in der Inselstadt Le Palais landenden Schiffe meist sonnenhungrige Touristen an Land setzen, booteten englische Schiffe in den Jahren 1573 und

1761 jeweils ganze Heere aus und eroberten die damals strategisch wichtige Insel. Nachdem diese 1763 durch den Pariser Vertrag wieder zur Krone Frankreichs zurückgekommen war, siedelten sich zahlreiche Kanadier an, Abkömmlinge jener im 17. Jahrhundert nach Kanada ausgewanderten Kolonisten. Mit ihnen kam die Kartoffel auf die Insel, lange bevor sie durch Parmentier in Frankreich bekannt wurde. Wie die Belle-Ile, so war auch die Halbinsel Quiberon Schauplatz kriegerischer Ereignisse. 1795 versuchte eine Gruppe der Chouans hier zu landen. Ihr Erkennungssignal war der Schrei des Waldkauzes, «chat-huant», von dem sich der Name ableitet. Diese Königstreuen wagten den kühnen Schritt in der Hoffnung, durch die in England lebenden Emigranten, vor allem durch die an der Reede von Quiberon ankernde englische Flotte, unterstützt zu werden. Beide Erwartungen erfüllten sich nicht. Hingegen trat das Unerwartete ein: Verräter hatten den Konvent alarmiert. General Hoche stand Gewehr bei Fuss und zwang die Gelandeten bei Port-Haliguen, sich wieder einzuschiffen. Nur einem Teil der Chouans gelang die Flucht. Dreihundert wurden gefangen und später bei Auray auf dem «Feld der Märtyrer» erschossen.

Ein stolzer Name: Lorient

Im Namen dieser in einem Fjord geborgenen Stadt klingt noch ihre einstige, durch die Indische Compagnie begründete Bedeutung nach, die ihr als Mittlerin zwischen dem Orient und der Bretagne zukam. Schon Kardinal Richelieu hatte versucht, gegenüber der heutigen Stadt, in Port-Louis, der Compagnie einen ihrer Bedeutung entsprechenden Hafen zu geben, ein Plan, den Colbert

1664 erneut in Le Havre zu verwirklichen suchte. Erst als man das Unternehmen dem allzuleichten Zugriff englischer Schiffe entzog und auf dem weiten Gebiet am rechten Ufer der Scorff Hafen, Werftanlagen, Lagerhäuser und Wohngebäude bauen liess, florierte die Indische Compagnie. Sechzig Jahre nach ihrer Gründung zählte die Stadt bereits 14000 Einwohner. Als bald darauf die Handelsbeziehungen zu Indien sich lockerten, war das Ende der Compagnie gekommen. Die Hafenanlage wurde 1770 verstaatlicht. Schliesslich verwandelte Napoleon Lorient in einen bedeutenden Kriegshafen.

So suchen wir in der regelmässig angelegten Stadt vergeblich nach Altem. Sehenswert ist nur das Leben und Treiben im grossangelegten Fischereihafen, das Kommen und Gehen der Schiffe und die ob ihrer Weitläufigkeit imponierende Basis für Unterseeboote. Für die Nüchternheit der Stadt aber wird man vollauf entschädigt durch die alljährlich am 24. Juni in Larmor stattfindende Schiffsprozession und -weihe. Bis zum heutigen Tage hat sich hier der Brauch erhalten, dass jedes von Lorient aus in See stechende Kriegsschiff die Muttergottes von Larmor mit einem Salut von drei Schüssen grüsst, während der Geistliche unter feierlichem Glockengeläute das Schiff segnet.

Auf den Spuren des Ritters Blaubart

In Quimperlé haben wir uns für einige Tage in einem Hotel einquartiert, dessen Front nüchtern wirkt, das uns jedoch in seinem Innern mit schönem bretonischem Mobiliar begrüsst, mit dunkelbraunen Schränken, einer hochlehnigen Sitzbank und mit Truhen, die alle mit den typischen, wohl einem Steuerrad nachgebildeten

Schnitzereien versehen sind. Die neben einer gemütlichen Kastenuhr stehende holzgeschnitzte Wiege quillt über von Blumen. Auf den Konsolen glänzt bretonisches Majolika-Geschirr, darunter auch eine Statuette der heiligen Anna. Wie gut passt in diesen Rahmen die bretonische Tracht, in der uns die Patronin des Hauses willkommen heisst: das schwarze Kleid mit dem gefältelten Rock, die wie Engelsflügel von den Schultern abstehenden weissen Epauletten und die schmucke steifgestärkte Spitzenhaube.

In diesem Haus haben wir eine Bleibe gefunden, zu der wir jeden Abend nach ausgedehnten Ausflügen in die Umgebung zurückkehren können, um uns mit bretonischen Spezialitäten verwöhnen zu lassen. Nur an drei Dinge können wir uns zuerst nicht gewöhnen, an die ungeputzt bleibenden Schuhe, die gesalzene Butter und auch daran, dass wir beim Frühstück die Konfitüre gewissermassen aus freier Hand aufs knusprige Brot streichen müssen.

Die sommerliche Hitze lässt es geraten erscheinen, zuerst den vielgepriesenen Wald von Carnoët aufzusuchen, dessen weit über hundert Jahre alte Eichen und Buchen selbst bei drückender Schwüle kühlenden Schatten spenden. Im leisen Raunen des Laubes glauben wir die Geschichte des einst hier hausenden Grafen von Comorre zu vernehmen, der unter dem Namen «Ritter Blaubart» zur legendären Gestalt geworden ist. Ihm war geweissagt worden, dass er durch die Hand seines Sohnes dereinst sterben müsse. Um die Prophezeiung Lügen zu strafen, liess Comorre seine vier Frauen, sobald sie guter Hoffnung waren, grausam ermorden. Nur der fünften gelang es vor ihrem Tode, das Neugeborene zu retten, aus dem später der heilige Trémeur werden sollte. Als Comorre nach vielen Jahren dem frommen Mann begegnete, war er verblüfft, in ihm das Ebenbild der ermordeten Mutter zu sehen. Wutentbrannt liess der Graf den Jüngling köpfen. Doch o Wunder, Trémeur setzte sich den abgeschlagenen Kopf wieder auf, wanderte zum Schlosse des Vaters und schleuderte eine Handvoll Erde gegen die starken Mauern, die stürzend den entmenschten Vater unter sich begruben.

Wir geniessen von St-Maurice die schöne Aussicht über die sich zum Fjord weitende Laïta und lassen uns am Strand von Le Pouldu den erfrischenden Seewind um die Nase wehen. Hierher flüchtete Gauguin, als ihn in Pont-Aven die Flut der Feriengäste zu stören begann. Kurz nach ihm weilte auch der Beuroner Malermönch Willibrord Verkade in dem kleinen Dorf, wo die zerstreuten Gehöfte «in Bodensenken des Flachlandes und hinter dichten Baumgruppen versteckt sind». Hier am Strande von Le Pouldu, an dem Feigen und Mandeln reifen, konnte Gauguin, mit weitem Mantel und Holzschuhen bekleidet, als ein wahrer «Wilder» sich gebärden. Die Freiheit geniessend und sich nach der Arbeit entspannend, vergnügte er sich in der dörflichen Stille mit Pfeil und Bogen. Inmitten einfacher Bauern fand er nach den Experimenten von Pont-Aven in souverän gemalten Bildern endlich zu seinem eigenen Stil, der später auf Tahiti vollends ausreifen sollte. Ein Denkmal in Form einer Palette weiss heute von jener grossen Zeit Pouldus zu berichten.

Ein andermal besuchen wir die bei Moëlan und Kerfany-les-Pins entspringende Quelle St-Rock, in die besorgte Mütter ehemals die Hemden ihrer Kinder tauchten, um diese vor Kolik zu bewahren.

Die Besichtigung der zwischen Ellé und Isole eingezwängten Stadt Quimperlé bleibt einem kühleren Regentag vorbehalten.

Noch hat in der Unterstadt die Rue Brémond-d'Ars in einem alten Portal, einer schönen Renaissancetreppe oder einem gotischen Fenster etwas von dem Glanz aus der Zeit bewahrt, in der die bretonischen Herzöge zur Jagd nach Quimperlé ritten. Die Strasse führt direkt auf die Kirche Sainte-Croix zu, die als grossartiger Zentralbau sich hoch über die nahe Markthalle und die Dächer der Häuser erhebt. Selbst nach der entstellenden Restaurierung im 19. Jahrhundert blieb der Kirche die bezwingende Kraft romanischer Bauten. In der riesigen Rotunde mit den drei Apsiden, die ein griechisches Kreuz bilden, ist in freier Abwandlung die Grabeskirche zu Jerusalem nachgeahmt. Wie imponierend mag sich die Kirche erst dargeboten haben, als die mächtige Kuppel noch von einem das orientalische Aussehen steigernden Glockenturm gekrönt war. Leider stürzte dieser 1848 in sich zusammen und durchschlug dabei das Mittelgewölbe. Heute führt ein ringförmiger Umgang um die später eingefügte erhöhte Rotunde, die dem zentralen Charakter des Raumes viel von seiner ursprünglichen Schönheit nimmt. Dafür entschädigt der an der Eingangspforte innen aufgestellte Lettner von 1541, dessen ausgezeichnete, in Muschelnischen stehende Figuren an italienischen Einfluss denken lassen. In die Welt der Romanik tauchen wir ein, sobald der Sakristan uns das schwere Eisengitter zu der 1029 erbauten Gruft geöffnet hat. Phantastisch geformte Kapitäle schauen auf uns herab, indem wir durch die niederen Wölbungen der Gruft zum Grab des heiligen Gunthiern, des Gründers der Abtei, und zum Sarkophag des 1057 verstorbenen heiligen Gurloes (oder Urlous) schreiten, der, wie der Küster erzählt, das Kopfweh vertreiben kann. Allerdings sei es hiezu erforderlich, das schmerzende Haupt in das am Kopfende des Sarkophags angebrachte Loch zu stecken. Und sollte jemand gar von Nieren- oder Rückenschmerzen geplagt sein, so empfiehlt er als sicheres Mittel, durch eine andere enge Öffnung unter dem Grab hindurchzukriechen.

In der Oberstadt erwartet uns eine zweite, aus dem 14. Jahrhundert stammende Kirche, Notre-Dame-de-l'Assomption. Dort finden wir «Unsere Liebe Frau» an einem Seitenpfeiler von einem unbekannten Meister mit allem jugendlichen Schmelz ausgestattet, den Jesusknaben im Arm, auf der Mondsichel stehend. Ein zweites Mal tritt sie uns als Schmerzensmutter entgegen, versteinert im Leid ins Leere blickend, den schlaff niederhängenden Körper des toten Sohnes im Schosse, eine ausdrucksstarke, in ein steiles Dreieck komponierte Gruppe, die sich nachhaltig gegenüber vielen anderen Eindrücken durchzusetzen weiss.

Im Herzen der Bretagne

Von Quimperlé aus fahren wir auf einsamen, aber gepflegten Strassen, die stets von neuem in saftig grüne Mulden tauchen und hügelan klettern, nordwärts über steinerne Brücken, vorbei an Bauernkaten, die ihre an den Dachenden aufragenden Schornsteine kaum über das moosbewachsene Strohdach erheben, vorüber an Brunnen, in deren Zisterne noch der Eimer taucht, und durch Wälder voll von Sage und geheimem Zauber. Nicht umsonst trägt das in diesem verwunschenen Gebiet liegende Städtchen Le Faouët seinen Namen, der sich von dem bretonischen Fau = Buche ableitet. Diesmal ist es nicht die Kirche, die wir besuchen wollen, sondern die aus dem 16. Jahrhundert stammende Markthalle, die, aus dem Holz der nahen Wälder gefügt, wie eine Glucke über dem verlassen wirkenden weiten Marktplatz kauert, ein Bauwerk mit tief heruntergezogenem, mit einem verspielten Uhrtürmchen gekrönten Dach, das von niederen Säulen abgestützt wird. So können Licht und Luft ungehindert in das Innere der Halle gelangen, die wir durch ein weites, von einem gekrümmten Balken abgestütztes Tor betreten. Staunend stehen wir in einem Raum, der durch seine Grösse ebenso überwältigt wie durch die gediegene Zimmermannsarbeit, die sich in der durch Einfachheit und Zweckmässigkeit überraschenden Dachkonstruktion offenbart. Wie schön müsste es sein, den gewaltigen Raum angefüllt zu sehen mit Leben, mit den Frauen in ihren malerischen Trachten, mit den Früchten des Landes, den Farben bunter Stoffe und den tausendfältigen Stimmen eines Marktes. So aber weckt nur unsere eigene Stimme ein gespenstisches Echo in dem Gebälkewald zu unseren Häuptern. Wie die Halle, wirkt auch die 4000 Einwohner zählende Stadt in der Mittagsstunde wie ausgestorben. Selbst der kleine Tabakladen, wo wir ein paar Postkarten erstehen wollen, bleibt trotz heftigen Klopfens unerbittlich geschlossen.

So verlassen wir schliesslich Le Faouët und fahren nordwärts bis zu dem Weiler Le Grand-Pont. Wie wir in dem Café Sainte-Barbe nach dem Weiterweg fragen wollen, finden wir zwar Tür und Tor weit offen, jedoch keinen Menschen, der uns aus den vielen farbenfrohen Flaschen hinter der Theke einen Aperitif eingösse.

Auf dem schmalen Weg, der hier, von der Hauptstrasse abzweigend, waldeinwärts der Ellé entlangführt, will uns ein Verbotsschild, dessen roter Kreis aus dem dichten Grün edler Kastanienbäume hervorleuchtet, an der Weiterfahrt hindern. Dennoch folgen wir mit unserm Auto ein Stück weit dem Weg, der schon nach einigen hundert Metern bei einer verwunschenen, am Fluss gelegenen Mühle verhält. Wird der Müller uns fortweisen, wenn wir in der Nähe des Hauses uns zum Picknick niederlassen? Es ist uns nicht ganz wohl zumute, wie wir den Klapptisch aufstellen und die Speisen auspacken: die langen, schlanken, knusprig gebackenen Brote, die unter dem Druck der Finger krachen, die gesalzene Butter, den milden Ziegenkäse und jene andere Käsespezialität, die von einer dicken Kruste dunkler Weintraubenkerne umhüllt ist. Währenddem wir die Flasche köstlichen Landweins entkorken, zeigt sich unter der Tür der Mühle eine in Schwarz gekleidete Frau mit den hier üblichen Holzschuhen an den Füssen. Aber statt uns mit flammendem Schwert oder scharfen Worten aus diesem Paradiese zu vertreiben, fragt sie uns, ob es uns hier gefiele und ob sie etwas für uns tun dürfe. Sie wehrt dem kläffenden, an seiner Kette zerrenden Hund und bringt uns unaufgefordert eine Schüssel köstlicher Milch. Ein eigenartiger Charme geht von dieser Bäuerin aus! Ihr Gesicht mit den breiten Backenknochen, das schwarze, streng gescheitelte Haar wirken slawisch. Es ist derselbe Typ, wie man ihn bei Penmarc'h im Herzen des kulturhistorisch hochinteressanten Pays Bigouden antrifft. Während die Müllersfrau sich in tadellosem Französisch mit uns unterhält, hat sie eine Ente auf den Arm genommen, die sich diese Zärtlichkeit gerne gefallen lässt Dann bringt sie uns aus der vorbeirauschenden Ellé eine Schüsse

St-Fiacre bei Le Faouët, eine der schönsten Dorfkirchen der Bretagne

Der kostbare Lettner von St-Fiacre

Wasser, worin wir nach beendetem Mahl die Hände waschen können. Gerne folgen wir der Aufforderung, uns das Innere des Hauses anzuschauen. Es besteht aus einem einzigen Raum, der zugleich als Küche, Wohn- und Schlafgemach dient. An dem trüben, regnerischen Tage flackert im offenen Kamin ein Feuer, und sein Widerschein fällt auf einen mit bretonischem Radmuster verzierten Schrank, der in dieser Ärmlichkeit geradezu üppig wirkt. An der Wand steht ein Käfig mit einer gurrenden Turteltaube und ein zweischläfriges Alkovenbett, das uns, gemessen an unseren Schlafstätten, reichlich kurz erscheint, aber dafür in kalten Winternächten Behaglichkeit und Wärme verspricht.

Wir lassen unser Auto unter der Obhut der zuvorkommenden Frau und wandern den ansteigenden Waldweg taleinwärts. Das natürliche Pflaster der Granitbrocken ist glattpoliert von den Tritten ungezählter Pilger, die seit Jahrhunderten zu der auf einem Bergrücken oberhalb des Tales gelegenen Barbarakapelle wallfahren. Zartgefiederte Farne wippen zwischen Felsbrocken, die zierlichen Blüten der Fetthenne überziehen das dunkle Gestein, eine Heckenrosenranke will uns den Weg versperren, Stechlorbeer hat sich zwischen den Granitblöcken eingenistet, und Efeu mit fettglänzenden Blättern rankt sich an den Stämmen edler Kastanien empor.

Der Wald lichtet sich ein wenig. Und nun stehen wir vor einem steinernen Tabernakel, der sich über einer Quelle erhebt.

Aus uraltem Glauben an die Heiligkeit des Wassers, an Quellgeister und Nymphen haben die Bretonen über dem der Erde entquellenden Bronn in christlicher Zeit diese Brunnenfassungen errichtet und in die Nischen Heiligenfiguren gestellt.

So schaut hier die Statue der heiligen Barbara aus dem granitenen Gebäude in das dunkle Wasser hinab. Es wird sie seltsam dünken, wenn heute noch junge Mädchen zu dem Quell kommen und Haarnadeln in das Becken werfen, um aus deren Lage zu erforschen, ob ihr Wunsch in Erfüllung gehen und der Erwählte ihres Herzens sie bald heimführen wird.

Während wir den steiler werdenden Weg zur Kapelle hinaufsteigen, ist es, als erzählten uns die Stimmen des Waldes die Entstehungsgeschichte des Barbaraheiligtums. Der grosse Nimrod Jehan de Toulbodou wurde einst in dieser Gegend von einem furchtbaren Gewitter überrascht. Blitze zuckten und erleuchteten mit fahlem Licht das enge Tal. Die zahme Ellé ward zum reissenden Strom. Vom Sturm gefällte Bäume, niederstürzende Steine verlegten dem Jäger den Weg. Plötzlich rollte ein riesiger Fels, der sich aus der Bergwand gelöst hatte, auf den Jäger zu. In höchster Lebensgefahr gelobte er, der von ihm hochverehrten heiligen Barbara in der Bergeinsamkeit eine Kapelle zu errichten, falls er gerettet würde. Und siehe da: Wie von unsichtbarer Hand festgehalten, blieb der Fels über dem Abgrund hängen. Der fromme Ritter hielt sein Wort. So entstand in jahrzehntelanger Arbeit die Sankt-Barbara-Kapelle, die wir nach mühsamem Anstieg plötzlich aus dem Dickicht aufwachsen sehen. Sie ist selber ein Stück des Waldes geworden. Eingebettet in eine enge Krümmung des Felshangs, musste die 1542 begonnene, im Flamboyantstil erbaute und nur aus Chor und Querhaus bestehende Kirche auf ein Längsschiff verzichten. Dafür züngeln ihre architektonischen Formen durch das vielschattierte Grün der Bäume. Kaum vermag der achteckige, mit rundem Schieferdach gekrönte Turm sich aus dem Laubgewirr zu erheben. Mit seinen drei Fenstern, aus deren oberstem eine Figur der Sankt Barbara herausblickt, ist er dem Attribut der Heiligen nachgebildet. Hohe Fenster aus der Renaissance erhellen mit ihren Glasmalereien die dunkle Kirche. Eines dieser Farbwunder erzählt uns das Leben der «Heiligen mit dem Turme», Sankt Barbara, die hier im Lande der Türme eine besondere Verehrung geniesst. Auf einem zweiten Fenster, das Pfingstwunder darstellend, regnen leuchtendrote Flammen auf die versammelten Jünger nieder.

Von der Frau des Mesners geleitet, steigen wir eine Renaissancetreppe aus dem 17. Jahrhundert empor. Sie ist hineingezaubert in diese Wildnis als ein kompliziertes Treppensystem, das zu einem

Prunkpalast führen könnte. Die grossartige Anlage erwacht bei dem am letzten Sonntag im Juni gefeierten «Pardon» zu neuem Leben, gibt sie doch der Prozession die Möglichkeit, sich mit besonderem Gepränge zu entfalten. Man kann im Geiste den Zug verfolgen, wie er die breiten Stufen hinaufsteigt, über einen hohen Brückenbogen zu der kleinen St.-Michaels-Kapelle hinüberwandert, während ein anderer Teil des festlichen Zuges bereits eine zweite Treppe hinuntersteigt, ein Effekt, wie ihn später nur die prunkenden Treppenhäuser der Barockzeit zu bieten vermochten.

In der Michaelskapelle erwartet uns eine bäuerlich-naive Darstellung des Erzengels, der mit aufgestützten Ellbogen den Teufel niederdrückt. Dann wandern wir hinüber zum nahen Glockenturm und versuchen das Wetterglöckchen zum Klingen zu bringen, ohne allerdings damit die tief herunterhängenden Wolken vertreiben zu können.

Rätselhaft die in den Felsen über dem Abgrund eingelassenen Eisenringe! Sie sollen auf einen gefährlichen Brauch zurückgehen, der erst vor wenigen Jahrzehnten von der Kirche untersagt wurde. In Seenot gerettete Schiffer schwangen sich in Erfüllung eines Gelübdes, an diesen Griffen Halt suchend, um das von einer Seite unzugängliche Gotteshaus.

Wie in der Mühle am Ellé brennt auch hier oben im 300 Jahre alten Wohnhaus des «Gardiens» ein Kaminfeuer. Es spiegelt sich in den schiessschartenkleinen in die meterdicken Mauern eingelassenen Fenstern, die oft winterlicher Kälte und Stürmen wehren müssen. Wie wir durch den dunkelnden Wald hinabsteigen, schickt uns der freundliche Mesner mit der Wetterglocke noch einen weithin hallenden Abschiedsgruss nach.

Meisterwerke der Schnitzkunst in und um St-Fiacre

Nur wenige Kilometer sind es von Le Faouët bis zu dem kleinen Dorf St-Fiacre, das wohl unbekannt geblieben wäre, stünde nicht dort eine der schönsten Dorfkirchen der Bretagne.

Umschlossen von den Gebäuden eines bäuerlichen Gehöftes, wächst hinter Strohmieten überraschend die schlanke Fassade der 1480 erbauten Kapelle St-Fiacre empor. Während der kaum gegliederte Unterteil der Front noch ganz der Erde angehört, strebt über einem Balkon der von vielen Schallöchern durchbrochene Glockenturm leicht und elegant himmelwärts und zeigt stolz Wimperge, spätgotische Reliefs und seinen krabbenbesetzten Steinhelm, der die links und rechts angefügten achteckigen Nebentürme weit überragt: ein wohlabgestimmter Dreiklang, der über die dörfliche Armut anmutsvoll hinwegschwingt. Während wir mit den Augen die architektonischen Einzelheiten abtasten, bietet sich der Mesner an, uns in das Kircheninnere zu führen. Wir wissen, dass es einen kostbaren Lettner birgt, und sind trotzdem überrascht, ja geradezu ergriffen, vor uns zwischen Langhaus und Chor einen Spitzenvorhang, aus Holz geschnitzt, herabhängen zu sehen, eine Kostbarkeit, wie sie sonst nirgends mehr zu finden ist. Fast scheint es, als knie die am Lettner aufgestellte Heiligenfigur bewundernd vor diesem Werk. In ihm zeigt sich, was einem bäuerlichen Meister der Schnitzkunst möglich war. Unter seinem Messer verwandelte sich sprödes Holz zu einem Ornament von einer geradezu unwahrscheinlichen Feinheit. Zwischen kleinen Säulen wuchert es in vegetativen Formen, steigt in spitzen Wimpergen empor, verzweigt sich und zeigt alle Varianten, die dem Formenspiel des Flamboyantstils eigen sind. Dabei wiederholt sich keines der Motive. Der obere Teil des Lettners senkt sich wie eine mit schweren Quasten verzierte Draperie herab. Über ihm steht beherrschend ein Kruzifix. Diesem beigeordnet, hängen rechts und links in verzerrter Haltung mit schmerzzerquälten Gesichtern die beiden Schächer, einer dem Herrn zugewendet, der andere sich abkehrend. Unerschöpflich ist die Fülle des Dargestellten. Von dem reich geschnitzten Balken zu Häupten der Schächer schauen menschliche Gesichter in Scheu und Furcht auf das entsetzliche Geschehen.

Auf dem zu Füssen des Gekreuzigten sich hinziehenden Fries stehen der Erzengel Gabriel, Maria und Johannes und unter dem früchtetragenden, üppig wuchernden «Baum der Erkenntnis» das erste Menschenpaar. Doch damit nicht genug. Der Künstler hat es nicht bei dieser ins Malerische hinübergreifenden Schnitzarbeit bewenden lassen, er hat zur Steigerung des Effektes noch die Farbe herangezogen. Die einzelnen Partien des Spitzenvorhangs sind grün, blau, rot, violett und gelb gegeneinander abgesetzt und die Linien der herzförmig aufstrebenden Spitzbogen in leuchtendem Blau und Rot nachgezogen: Ein verwirrendes Durcheinander, wie man glauben könnte, und doch geschieht hier das Wunder, dass keine Farbe die andere stört oder gar erschlägt, sondern dass sie zu einem harmonischen Ganzen zusammenwachsen. Auch der wie von Grünspan überzogene Granit der Wände und Säulen stimmt mit ein in diese Farbensymphonie. Der in spitzenhafter Feinheit ausgearbeitete, auf den Steinfliesen aufsitzende untere Teil des Lettners verhüllt hier nichts, sondern gewährt durch gotisches Masswerk einen faszinierenden Durchblick zum Chor. Dieser Lettner ist nichts Trennendes, sondern etwas Verbindendes; er steigert das Mysterium dessen, was er scheinbar verbirgt. Fast getraut man sich nicht, dieses gebrechliche Gebilde zu durchschreiten, das auf der Rückseite noch mehr des Seltsamen zeigt. Die menschlichen Laster erscheinen in volkstümlichen, auch vom einfachen Beschauer leicht zu verstehenden alltäglichen Szenen. Ein Mann pflückt Früchte im fremden Garten: Der Diebstahl! Der Trunkene speit einen Fisch aus! Die irdische Lust wird durch ein Menschenpaar, Frau und Mann, dargestellt, die Faulheit durch bretonische Spielleute.

Vom Mesner erfahren wir, dass in diesem ehrwürdigen Raume nur noch dreimal im Jahre die heilige Messe gefeiert wird. Gesprächig erzählt er uns die Geschichte des heiligen Fiacrius, eines irischen Mönches, der, wie der Spaten in seiner Hand kündet, im 7. Jahrhundert in der Bretagne wacker rodete. Darum ist er in dem Lande des Gartenbaus besonders beliebt. Unter seinen gütigen Händen veredelte sich alles, selbst ein rauher Stein ward zum weichen Sitz. Kein Wunder, dass die auf harten Bänken sitzen müssenden Droschkenkutscher und vornehmlich die an schmerzenden Hämorrhoiden leidenden Menschen ihn zum Schutzpatron erkoren.

Zaghaft äussert unser Führer die Bitte, ob es uns nicht möglich wäre, seine Frau zu einer Hochzeit in das nahe Dorf Meslan zu bringen. Und schon hat sich Madame, festlich geschmückt mit der blütenweissen Spitzenhaube, uns beigesellt. Gerne nehmen wir den kleinen Umweg in Kauf. In dem Dorf erwartet uns eine Schar in Schwarz gekleideter Trachtenträgerinnen. Nur die Brautmutter zeigt ihre Wohlhabenheit in einem dunkelroten, reichbestickten Samtkleid und einer flachen, aus Spitzen geformten Kopfbedeckung.

Leider müssen wir die zu einem entfernt liegenden Gasthaus ziehende, von ein paar Dudelsackpfeifern begleitete Hochzeitsgesellschaft verlassen, wollen wir noch rechtzeitig die Kirche von St-Nicolas-en-Priziac erreichen. Dort zeigt uns ein ganz anders gearteter Holzlettner mit herzerfrischender Naivität in einem über drei grosse Rundbogen hinlaufenden Fries die Wundertaten des gebefreudigen heiligen Nikolaus; beispielsweise wie er drei von einem grausamen Metzger eingepökelte Knäblein wieder zum Leben erweckt, ein Schiff aus Seenot errettet und drei arme Mädchen vor Schande bewahrt.

Die 1453 geweihte Kirche von Kernascléden ist durch die Legende mit St-Fiacre in unmittelbare Verbindung gebracht. Mit ihrem zierlichen Glockenturm, den beiden wundervollen Portalvorhallen und dem mit schöner Rose geschmückten Querschiff soll sie von denselben Bauleuten erstellt worden sein wie St-Fiacre. Dies war nur möglich, weil Maurer und Steinmetze samt ihren Werkzeugen von Engeln tagtäglich hin- und hergetragen wurden.

Bestrickte in St-Fiacre der Lettner, so beeindrucken uns in der Kirche von Kernascléden 500 Jahre alte Fresken an Gewölben und Wänden. Musizierende Engel, vor einem Sternhimmel schwebend, bilden den Rahmen zu einer Bildfolge, die uns das Leben Christi und Mariens erzählt. In schroffem Gegensatz zu diesem heiteren Fresko steht jenes andere, in dem ein Maler in packender Realistik alle Schrecknisse der Hölle darstellt: an einen kahlen Baum gefesselte Leiber der Verdammten, von spitzen Ästen durchbohrt, von Teufeln gebissen und mit Fackeln gebrannt, ein mit Verdammten gefülltes aufgehängtes Fass, das von einem gehörnten Teufel gedreht wird, ein schauerliches Menetekel, dem allerdings ein in die gegenüberliegende Wand eingelassenes Rundfenster als Himmelssymbol etwas von seinem Schrecken nimmt. Leider hat aufsteigende Feuchtigkeit, die dem Granit sonst die anziehende Patina verleiht, grosse Partien der Fresken fast unkenntlich gemacht.

Auch der auf dem Wege nach Pontivy gelegene kleine Wallfahrtsort Quelven birgt eine Seltsamkeit, eine auf dem Kirchplatz von zwei Seiten emporsteigende Treppe, eine malerische «Scala santa», vom Hauche irdischer Vergänglichkeit berührt. Erst Mitte August, am Tage des grossen «Pardon», erfüllt diese Treppe wieder ihren Zweck, wenn die Pilgerscharen mit Gnadenbildern und wehenden Fahnen darüber wandeln, sich in einem Wiesengrund bei der heilbringenden Quelle lagern oder der an einem Pfeiler in der Kirche stehenden Gottesmutter und dem Jesusknaben ihre Reverenz erweisen. Das merkwürdige Standbild lässt sich öffnen und enthält im Innern Medaillons in zwölf Reliefs mit Darstellungen aus der Heilsgeschichte.

Pontivy, Wunschtraum eines Herrschers

Ziehen wir über eine Landkarte der Bretagne ein Kreuz, liegt fast haargenau im Schnittpunkt der Linien die Stadt Pontivy. In das Tal des Blavet geschmiegt, wird die gut erhaltene Altstadt von einem wehrhaften Schloss beherrscht, das mit seinem tiefen Burggraben und den klobigen Rundtürmen noch heute von der Macht des berühmten Geschlechtes der Rohan kündet. Unter der Herrschaft dieser Fürsten und späteren Herzöge ging es der Stadt recht gut. Aber sie wollte es noch besser haben. So taten sich die Pontivyaner während der Französischen Revolution mit den Bewohnern der Landschaft Anjou zusammen und fassten folgenden Entschluss: «Wir wollen keine Bretonen und keine Anjouer sein, sondern Franzosen und Bürger des gleichen Reiches.» Damit verzichteten sie auf die ihnen nach der Eingliederung der Bretagne in die französischen Kronlande noch verbliebenen Vorrechte.

Man erhoffte sich von diesem Schritt gewisse Vorteile. Und in der Tat, die Hoffnung schien sich zu erfüllen, als Napoleon die Stadt zu dem strategischen und militärischen Mittelpunkt der armorikanischen Provinz machen wollte und dazu Baumeister berief, die die Südstadt nach einem linearmässigen Plan konstruierten. Mit ihren senkrecht sich schneidenden Strassen und Alleen und den klassizistisch nüchternen Bauten steht sie in krassem Gegensatz zu den malerischen Winkeln und Häusern der Altstadt.

Pontivy hatte den glanzvollen Namen «Napoléonville» angenommen, den es stolz wie einen Orden zehn Jahre lang tragen durfte. Zur Einweihung der neugotischen Josephskirche kam sogar Kaiserin Marie-Louise höchstpersönlich in diese Stadt von Napoleons Gnaden. Dann war der 1802 begonnene Traum mit dem Sturz Napoleons zu Ende.

Immerhin wurde zwischen 1824 und 1832 der an Pontivy vorbeifliessende Blavet mit dem Nantes-Brest-Kanal verbunden.

Die Segnung des Meeres bei St-Guénolé

Schloss Josselin, «Kegelspiel» der Rohan

Was nach herrscherlichem Willen einmal zu Hohem berufen war, sank wieder in die Geruhsamkeit eines Provinzstädtchens zurück.

Besuch beim heiligen Mériadec

Das Filigran
des granitenen Kirchturms
läutet im Wind.
Gesegnete Quelle verströmt
unterm Fusse des Heiligen.
Glaube hat ihm ein
goldenes Gewand gewoben.
Darin trotzt er dem
mahlenden Dünensand
und dem wuchernden Moos
des Vergessenwerdens.

M. R.

In der nur fünf Kilometer von Pontivy entfernten Kapelle zu Stival verehrt man noch immer den hier im 6. Jahrhundert als Eremit lebenden heiligen Mériadec. Als Königssohn geboren, entsagte er bald den Lockungen der Welt und zog sich in die Einsamkeit zurück. Nicht lange sollte er sich dieses Friedens erfreuen, wurde er doch bald zum Bischof von Vannes berufen. Dort setzte er sich vor allem für die Armen ein. Seine Wohltaten sind bis zum heutigen Tage unvergessen.

In der Sakristei der Kirche lässt der Küster eine uralte, dem 7. oder 8. Jahrhundert entstammende kupferne Glocke aus dem

Besitz des Heiligen erklingen. Geheime Kräfte sollen in ihr schlummern. So läutet man sie gerne vor Schwerhörigen und Tauben und setzt sie ihnen zu guter Letzt aufs Haupt. Die Fresken an den Chorwänden erzählen beredt das Leben des frommen Mannes: Wir sehen ihn als Knaben beim Studium mit der Krone auf dem Kopf, sodann wie er die Reiter des Herzogs von Rohan veranlasst, eine Räuberbande zu fesseln. Auf einem weiteren Bilde erscheinen geistliche Würdenträger bei dem hageren Eremiten, um ihm den Bischofsstuhl von Vannes anzubieten. Hier nimmt der Heilige bewegt Abschied von den Eltern, und dort verteilt er an Bettler und Arme Hab und Gut. Noch einmal ist er an der Aussenwand der Kirche dargestellt als gütiger, an St. Nikolaus erinnernder Bischof, und ein drittes Mal begegnen wir ihm am Ortsausgang auf einer Waldwiese, wo sein Bild unter dem gotischen Bogen eines zauberhaften Brunnenhäuschens auf die Frauen niederblickt, die gerade ihre Leintücher in dem reinen und weichen Quellwasser waschen.

Auf der Suche nach der Venus von Quinipily

Vom Hörensagen wussten wir von einer archaischen Statue, die in der Nähe des südlich von Pontivy gelegenen Baud, fernab von menschlichen Siedlungen, irgendwo auf freiem Felde stehen sollte. Wie so oft ist es das Unbekannte, von Geheimnis Umwitterte, das mehr reizt als das Abgestempelte und zur Ansichtspostkartenschönheit Erhobene.

So wenden wir uns von dem besuchenswerten Guémené-sur-Scorff, das mit seinen an langer Strassenzeile aufgereihten, altersgrauen Granithäusern bereits am Spätmittag eingeschlafen ist, nach

Süden. Nur kleine Weiler, die meist mit Ker (= Dorf oder Haus) beginnen, kauern an den gut gepflegten Feldwegen, die durch eine der verträumtesten Landschaften der Bretagne führen. Hinter dichten Zäunen aus Stechginster und Farnen weiden schwarz-weiss gefleckte Rinder. Die einstöckigen Häuser haben ihre dick verfilzten Strohdächer wie Pelzhauben tief heruntergezogen und sind stolz auf den Teppich aus rotblühendem Mauerpfeffer, der die Firste umwuchert.

In dem hochgelegenen Baud, das wir nach langen Kreuz- und Querfahrten erreichen, weist uns ein alter Mann den Weg Richtung Hennebont. Bei einem im Talgrund liegenden Gasthaus finden wir einen jener Wegweiser, wie sie lobenswerterweise in ganz Frankreich den Fremden auf Sehenswürdigkeiten aufmerksam machen. Wir stellen unseren Wagen bei einem mit starken Mauern umwehrten, schlossartigen Gehöft ab, das völlig ausgestorben scheint. Da hebt sich plötzlich neben einem Gehölz die gesuchte zwei Meter hohe Statue vor dem wolkenverhangenen Himmel ab. Nicht ganz leicht ist die Venus zu erobern. Es gilt zuerst ein den Hof verschliessendes Holzgatter wegzuheben, einen Stacheldraht zu überklettern und dann hinaufzusteigen zu dem wie ein Triumphbogen geformten steinernen Podest, unter dem eine Quelle hervorsprudelt. Viel ist an dieser seltsamen Statue herumgerätselt worden. Man hielt sie für ein Kultbild der Astarte, der Magna Mater, glaubte in ihr eine keltische Priesterin zu sehen, ja sogar die Darstellung einer ägyptischen Gottheit. Wie sehr ähnelt doch diese Figur den uns bekannten Isisstatuen. Die streng angewinkelten Arme, das Stirnband, die Haartracht, die herben Züge des Gesichtes, der fast bis zum Knie hinabreichende Lendenschurz und die steif nebeneinander gestellten Beine verweisen unwillkürlich auf das ferne Land der Pharaonen. Wie mag die Statue hierhergekommen sein? Wurde sie von römischen Soldaten aus dem Land am Nil als Muttergottheit in die regenverhangene Provincia Armoricana gebracht? Wurde sie von jenen Giganten der Steinzeit geschaffen, die im bretonischen Carnac die Menhire aufstellten oder im ägyptischen Karnak ihre Tempel errichteten, Zeugen derselben Megalithkultur? Wir wissen es nicht.

Ein geheimer Zauber muss seit eh und je von dieser Figur ausgegangen sein, denn auch den Bretonen war sie, nachdem ein Bauer sie vor dreihundert Jahren beim Pflügen der Erde entrissen hatte, zur wundertätigen Gottheit geworden, zur Notre-Dame-de-la-Couarde, die sie neben ihren ungezählten Nationalheiligen verehrten. Allerdings sehr zum Missfallen der Kirche. Energisch wandte sich diese gegen den seltsamen, an Aberglauben grenzenden Kult und liess die Figur zweimal im nahen Blavet versenken mit dem Erfolg, dass die Bauern ihre «Heilige» stets wieder herausfischten. Schliesslich verbannte man das Bildwerk in die es heute umgebende Einsamkeit, ja, man liess es durch einen Steinmetz umformen. Doch selbst durch die neue «Fassung» schimmert noch das Rätselhafte aus grauer Vorzeit hindurch.

Während wir die «Venus», die unbegreiflicherweise den Namen der Göttin der Schönheit trägt, umschreiten, stösst ein Vogel aus dem nahen Wald herab und lässt sich auf dem Haupte der Göttin nieder. Nach kurzer Rast erhebt er sich, umkreist das Standbild und wählt es aufs neue zum Rastplatz. Wohnt der Statue immer noch eine Naturkraft inne, die den Vogel in ihren Bannkreis zieht? Ist sie, da die Menschen sie verbannten, zur Hüterin der Tiere geworden?

Noch im Weiterschreiten sehen wir den Vogel seine Kreise um die Statue ziehen, die sphinxhaft sich von dem verglühenden Abendhimmel abhebt.

Schloss Josselin, «Kegelspiel» der Rohan

Den schönsten Blick auf die wehrhafte Seite des berühmten Rohan-Schlosses in Josselin geniesst man von der Brücke Ste-Croix aus. In dem still dahinströmenden Oust spiegeln sich noch vier der Rundtürme, die Olivier de Clisson zum Schutze der Burg auf einem Felssockel errichten liess. Waffenbruder von Du Guesclin und dessen Nachfolger als Connetable von Frankreich, vermählte er sich mit Margarethe von Rohan und erwarb die Burg um 1370. Dunkle Wolken überschatteten seine Jugend, war doch sein Vater im Erbfolgekrieg angeklagt, die französische Sache verraten zu haben, ein Verbrechen, für das er mit dem Tode sühnen musste. Die schmähliche Art seiner Hinrichtung verwandelte seine bis dahin friedfertige und mit fraulichen Tugenden geschmückte Gemahlin, Johanna von Belleville, in eine wahre Furie. Erst liess sie ihre Kinder beim blutigen, in Nantes zur Schau gestellten Haupt des Vaters Rache schwören. Dann rüstete sie ein kleines Heer aus, brach sechs befestigte Schlösser, liess die franzosenfreundliche Besatzung über die Klinge springen, ja sie kaperte sogar feindliche Schiffe. In dieser harten Schule wuchs ihr Sohn Olivier zum Kriegshelden heran, der unter Karl VI. höchsten Ruhm erwarb. Damals baute er sein durch neun Rundtürme geschütztes Schloss zu einer uneinnehmbaren Burg aus. Trotzdem bemächtigte sich Herzog Franz II. von Bretagne der Feste und zerstörte sie teilweise, um den damaligen Besitzer Johann II. von Rohan für seine franzosenfreundliche Haltung zu bestrafen. Doch Anne de Bretagne, des Herzogs Tochter, gestattete den Wiederaufbau, in dessen Prunk sich der stolze Wahlspruch der Rohan widerspiegelt: «König kann ich nicht sein, Fürst sein will ich nicht, ein Rohan bin ich.» Zum Dank liess der Schlossherr da und dort den gekrönten Anfangsbuchstaben der Herzogstochter, das von einer Gürtelschnur überhöhte A, zusammen mit den französischen Lilien am Schlosse anbringen.

Als 1629 ein Heinrich von Rohan mit den Hugenotten gemeinsame Sache machte, nahm Richelieu tückische Rache. Von den neun Türmen, die Schloss Josselin beschützten, liess er in Abwesenheit des Schlossherrn fünf einreissen. Mit dem zynischen Wort: «Monsieur, ich habe soeben eine gute Kugel in Euer Kegelspiel geworfen», unterrichtete er den vorübergehend am Hofe weilenden Herzog von dieser Tat.

So blieben von dem herrlichen «Kegelspiel» nur vier Türme übrig, die immer noch von der Wehrhaftigkeit der dem Fluss zugewendeten Seite der Burg künden. Völlig anders wirkt die Rückseite des Schlosses, die zierliche Fassade des Wohnbaus. Hohe, von gotischen Spitzbogen gekrönte Fenster, eine spitzenhaft durchbrochene Galerie, aus der zehn hochgieblige, mit Fialen geschmückte Fenster emporsteigen, Zinnen, Kränze und reiches Schmuckwerk geben dieser Seite des Schlosses etwas Verspieltes, ja geradezu Schwereloses, das die Kunst mühelos dem harten Granit abgerungen zu haben scheint.

Von Geschichte und von Geschichten umweht ist dieser stolze Bau. Auf der Oust-Brücke stehend denken wir daran, dass ehemals die Fastenzeit in der ganzen Bretagne besonders streng gehalten wurde und dass deshalb die Fischhändler zu Josselin in den betreffenden Wochen ein besonders gutes Geschäft machten. Kein Wunder, dass der Landesherr ein wenig an ihrem Nutzen teilhaben wollte. Die Händler mussten entweder einen grossen Teil ihres Gewinnes abliefern oder es sich gefallen lassen, unter dem höhnischen Gelächter der Menge in den Oust getaucht zu werden.

Eine kriegerische Episode, die unter dem Namen «Der Kampf der Dreissig» in die Geschichte einging, ist ebenfalls mit dem Schloss Josselin verknüpft. Wieder einmal stehen sich im Erbfolgekrieg Engländer und Franzosen gegenüber. Die Soldaten der englandfreundlichen Partei Montfort und die Besatzung von Josselin bekämpfen einander mit Feuer und Schwert und verwüsten dabei das Land. Um dem Sengen und Morden ein Ende zu bereiten, vereinbaren die Führer der feindlichen Parteien, den Kampf unter sich mit Stossdegen, Streitaxt und Speer auszutragen, ein lobenswertes Abkommen, das zur Vermeidung vieler späterer Kriege als Vorbild hätte dienen können.

Nach dem Empfang der heiligen Kommunion und einer mit Beten in der Kirche U. L. F. vom Dornbusch verbrachten Nacht marschiert der Kommandant von Josselin, Beaumanoir, mit dreissig seiner Getreuen am 27. März 1351 in Richtung Ploërmel zum vereinbarten, später durch eine Pyramide bezeichneten Kampfplatz. Schon ist der Gegner mit zwanzig Engländern, sechs Deutschen und vier Bretonen angetreten. Einen ganzen Tag lang wird Mann gegen Mann in erbittertem Nahkampf gerungen. Der englische Hauptmann und acht seiner Leute sind tot, die übrigen gefangen. Doch auch der bretonische Führer ist schwer verwundet. Als er zu trinken begehrt, ruft ihm einer seiner rauhen Mitkämpfer ein für die damalige kampferfüllte und verrohte Zeit bezeichnendes Wort zu: «Sauf dein Blut, Beaumanoir, dann dürstet dich nicht mehr.»

Wo Gauguin zu sich selber fand

Strohdächer leiden
unter der Last des Schorfs
und blutroter Blüten.

Leere Windmühlenflügel
schaufeln das graue Nichts,
und die Zisterne
hat das Tränken verlernt:
Tot versagt sie ihr Wasser
dürstendem Schaf.

Die Zeit hat sich schlafen gelegt
neben dem Steinmal
im lodernden Ginster.

Unbekümmert ein Kind
in roter Schürze
spielt zwischen stummen Dolmen.

M. R.

Pont-Aven wäre nur eines unter vielen malerischen Hafenstädtchen, beschenkte es nicht der Name eines Meisters der Malkunst mit besonderem Glanz: Paul Gauguin!

Der ganze Ort ist eine Erinnerungsstätte des grossen Malers, der hier, nachdem er dem betriebsamen Paris entflohen war, seine entscheidende Wandlung erfuhr. Überall schreiten wir auf seinen Spuren.

Im Schatten des Bois d'Amour, des Liebeswaldes, hören wir im Geiste Gauguin dem der Malerschule angehörenden Paul Serusier die richtungweisende Frage stellen: «Wie sehen Sie diesen Baum? Er ist grün? Nehmen Sie also Grün, das schönste Grün Ihrer

Kathedrale von Quimper, schönstes Beispiel der französischen Hochgotik

CHRONOMETRES
LONGINES
KODY

Concarneau: Brücke mit «Bastion» und helmgekröntem Wartturm

Palette; und diese Schatten, eher nach Blau zu? Fürchten Sie nicht, ihn so blau wie nur möglich zu malen!»

Ob wir auf der Aven-Brücke stehen und auf den dunkeln, zwischen rundgeschliffenen Felsbrocken sich hindurchwindenden Gebirgsfluss blicken oder die alten Gassen durchschlendern, überall begegnen wir Gauguin. Er wandert mit uns zu den vielen vom Aven getriebenen Mühlen, die dem in das Flusstal geschmiegten Ort den Beinamen «Stadt der Mühlen» eintrugen und Anlass gaben zu dem Spottvers:

Pont-Aven, ville de renom,
quatorze moulins, quinze maisons.

Pont-Aven, berühmt als Stadt,
die vierzehn Mühlen, fünfzehn Häuser hat.

Heute ist es ein beliebter und belebter Kurort, mit einem weiten Platz, auf den die Apotheke mit einem aus der Mittelfront vorspringenden Wetterdächlein und einer an der Hausecke stehenden Madonna blickt.

Überall weisen Plakate auf das demnächst stattfindende «Fest des goldenen Stechginsters» hin. Alle zwei Jahre feiert man den seltsamen «Pardon des Fleurs d'Ajoncs», gestiftet von dem 1925 verstorbenen Barden Th. Brotel, dessen Standbild am linken Aven-Ufer zu sehen ist.

Ein am Rathaus angebrachtes Schild «Gauguin-Museum» heisst uns eintreten. Wir finden dort Skizzen und andere Arbeiten von der Hand Gauguins und gute Reproduktionen aus allen Epochen seines Schaffens, doch vergeblich suchen wir nach den Originalen, in denen sich Gauguin von den Oberflächenreizen des Impressionismus zu einer Malerei voll innerer Aussagekraft und Vereinfachung durchgerungen hat, so das für die Bretagne typische Bild «Bretonischer Bauernhof», in dessen Strohhaufen, dem Dreschplatz und dem Gemäuer noch der Pointillismus nachklingt. Wo aber sind die «Bretonischen Kinder», wo die «Betenden Bretoninnen»? Diese Gemälde sind längst Schmuckstücke der grossen Galerien der Welt. So müssen wir uns mit einer Reproduktion des 1888 entstandenen, für die damalige Zeit völlig neuartigen, fast schockierend wirkenden Gemäldes begnügen. Es heisst «Kampf mit dem Engel». Hier hat sich Gauguin ganz von den zerfliessenden Konturen impressionistischer Bilder abgewandt. Man spürt deutlich, wie das Studium mittelalterlicher Glasmalerei ihn veranlasst hat, die kontrastreich gegeneinandergestellten Farben voneinander abzugrenzen, ähnlich wie die bretonische Landschaft durch Hecken aufgeteilt und eingefriedet wird. Ganz an den vorderen Bildrand gerückt, ja ihn fast sprengend, stehen, vom Beschauer abgewendet, ins Gebet versunkene bretonische Bäuerinnen mit ihren weissen, bebänderten Hauben. Ein tief nach links geneigter Baum durchschneidet mit dem satten Braun des Stammes die einheitlich rot kolorierte Fläche des Mittelgrundes. Hinausgerückt an die rechte Ecke des Bildes, gleichsam nebensächlich behandelt, der Angelpunkt des Gemäldes, das «Thema», der gelbgeflügelte Engel, der Jakob niederringen will. Kühn in den Farben und ebenso kühn in der Komposition ist dieses Werk. Man kann es schon verstehen, dass der in alter Tradition verhaftete Pfarrer von Pont-Aven dieses Gemälde entrüstet zurückwies, als Gauguin es ihm zum Geschenk für seine Kirche anbot. Was würde es heute für die kleine Stadt bedeuten, ein solches Werk, Glanzstück der National Gallery of Scotland in Edinburg! Gehörte nicht auch der aus der gleichen Zeit stammende «Gelbe Christus» eigentlich in eine Kirche dieser Landschaft?

Wir wissen, dass Gauguin wesentliche Anregungen von der bäuerlichen Kunst der Calvaires empfing und dass ihn die roh geschnitzten, in Sand gebetteten Dachbalken (daher «sablières» genannt) mit ihren derben und mit grellen Farben bemalten Figuren inspirierten. Wir wissen auch, dass Gauguin oft von dem heute mit einer Gedenktafel geschmückten Haus der Marie-Jeanne Le Gloannec durch den Bois d'Amour emporstieg zu der noch stilleren Kapelle von Trémalo, die mit tief heruntergezogenem, nur von Lukarnen durchbrochenem Dach auf dem Boden kauert. Dort mag er es erlebt haben, wie die Bäuerin vom nahen Hof betend vor dem grob gefügten, fast expressionistisch anmutenden Kruzifix kniete. Dieses Kreuz findet sich wieder im «Gelben Christus», wo es gleich den draussen im bretonischen Hügelland stehenden rohgehauenen Wegkreuzen wie ein Aufschrei vor rostroten Hecken und Bäumen unter verhangenem Himmel sich erhebt.

Eine solche Kühnheit des Kolorits finden wir erst später wieder in den Bildern, die Gauguin nach seiner Flucht in noch grössere Einsamkeit in der Stille einer Südseeinsel schuf. In Tahiti erreichte er in den von 1897 an geschaffenen Bildern jene letzte Meisterschaft, zu der die Zeit von Pont-Aven eine wichtige Zwischenstation bildete. Nicht umsonst ist sein letztes vor seinem Tode am 8. Mai 1903 gemaltes Bild eine bretonische Schneelandschaft.

Zeitloses Concarneau

Concarneau ist die kleinere Schwester von St-Malo. Hier wie dort die «Ville Close», eine befestigte Stadt, die sich ähnlich wie Venedig auf eine Insel zurückgezogen hat, um vor den Angriffen der Feinde gesichert zu sein. Vor der schmalen Brücke, welche die Inselstadt mit dem Festland verbindet, hält eine fensterlose, mit einem dichten Grasplatz bewachsene Bastion auch heute noch Wache und schenkt den Mauern, die von hier aus in sanfter Biegung das Zwergstädtchen samt Kirche und kleinem Park umschirmen, Vertrauen in ihre Kraft. Der neben dem Stadttor unmittelbar aus dem Wasser aufsteigende helmgekrönte Wartturm trägt zwei Uhren. Die unseren Tagen entstammende möchte sagen, dass auch in Concarneau die Zeit nicht ganz stille steht, während die alte Sonnenuhr mit dem ihr aufgemalten Spruch «Tempus fugit velut umbra» (die Zeit flieht gleich dem Schatten) die Besucher der Stadt zu innerer Einkehr und Besinnlichkeit ermahnt.

Die Zeit flieht – nein, in Concarneau scheinen die Uhren langsamer zu gehen als sonst irgendwo. Die Mauern, auf deren Wällen man gegen ein kleines Eintrittsgeld flanieren kann, sind vor 600 Jahren entstanden und wurden später von Vauban, dem einfallsreichen Festungsbaumeister, verstärkt.

Auch die Fischer, die von der Mauerbrüstung ihre Angeln ins Meer werfen, sind zeitlose Gestalten. Fischer haben Zeit, müssen Zeit haben. Die silbernen Ringe, von zuckender Angelschnur auf das Wasser gezeichnet, lehren sie dem Leben nachzusinnen, das gleich diesen Ringen eines Tages im Strom der Zeit verebbt. Grübler und Wahrheitssucher waren schon vor 2000 Jahren die Fischer am See Genezareth. Philosophen scheinen auch die Fischer von Concarneau zu sein, werfen sie doch ein winziges Fischlein, das angebissen hat, mit derselben Gelassenheit wieder in die Flut zurück, mit der sie den silberblitzenden Sechspfünder als Geschenk des Meeres entgegennehmen. Die blauen Netze, da und dort zum Trocknen aufgehängt, tragen seit Jahrhunderten diese Farbe, damit sie im blauen Wasser den Fischen unsichtbar bleiben, und nicht etwa, damit man für die Fremden eine «Fête des filets bleus» veranstalten kann!

Gleich geblieben ist seit Erschaffung der Welt der langsame Pulsschlag von Ebbe und Flut, der dieser Stadt den Lebensrhythmus aufzwingt. Die Gezeiten tragen den Tang in das weitläufige, mit dem offenen Meer verbundene Hafenbecken. Frauen, die weiten Röcke hochgeschürzt, sammeln diese Ernte des Meeres ein, aus der durch Verbrennen wertvolles Jod gewonnen wird. Anders die junge, mit der röhrenartigen Coiffe gekrönte Bretonin, die als echtes Kind unserer Zeit zwischen düsteren Festungsmauern ihren Stand aufgeschlagen hat, weiss sie doch den Fremdenverkehr zu nützen, wenn sie auf rotleuchtendem Tuch verlockend die handgeklöppelten Spitzen feilbietet. Auch die kleinen Läden, die an der Hauptstrasse aufgereiht sind, wie die Muscheln an den hier feilgebotenen Halsketten, machen es dem Fremden schwer, an so viel reizvollem Tand einfach vorbeizugehen. Warum sollte man sich nicht solch ein handgetriebenes Kupfergeschirr kaufen, eine Muschelkette, ein blaues Miniaturnetz, das man beim Einkaufen verwenden kann, oder gar eine Keramiktasse, auf der man seinen Vornamen aufgemalt findet? Man wird diese Schale zu Hause nicht etwa in die Vitrine stellen, sondern jeden Tag an den flachen Henkelohren zum Munde führen und dabei an Concarneau, die zeitlose Stadt, denken.

Königliches Quimper

Bis zur Französischen Revolution trug Quimper, die ehemalige Hauptstadt der Grafschaft Cornouaille, das heutige Zentrum des Departements Finistère, den Doppelnamen Quimper-Correntin. Er erinnerte an den ersten Oberhirten der Stadt, Sankt Correntin. Dieser soll von dem hier residierenden König Gradlon in sein Amt eingesetzt und vom heiligen Martinus geweiht worden sein. Zuvor lebte der fromme Mann im Walde am Menez-Hom in völliger Anspruchslosigkeit, die ihn auch noch als Bischof auszeichnete. Jahraus, jahrein nährte sich St-Correntin von ein und demselben Fisch, der täglich heranschwamm, um sich geduldig mit dem Messer ein

Stück abschneiden zu lassen. Wieder ins Wasser zurückgeworfen, wuchs dem Fisch das Gespendete auf wunderbare Weise alsbald nach, so dass er sich am nächsten Morgen unversehrt wieder als Speise darbieten konnte.

Kann man sich eine sinnfälligere Ausdeutung der unerschöpflichen und stets sich wieder erneuernden Fruchtbarkeit des Meeres denken, jenes Meeres, das durch den Odet die Stadt noch an Ebbe und Flut teilnehmen lässt? Im Wasser dieses mitten durch Quimper strömenden Flusses spiegeln sich die Türme der Kathedrale, die als schönstes Beispiel der französischen Hochgotik in der Bretagne gilt.

Ob wir uns vom Odet her der grossartigen Kirche nähern, ob wir sie von der malerischen Rue Kéréon zwischen ausgekragten Fachwerkbauten emporwachsen sehen, immer wirkt sie wie eine doppelzackige Krone, die hoch über dem Gewirr der Dächer schwebt.

Fast siebenhundert Jahre hat man an dieser Kirche gebaut, und doch zeigt sie keinen Stilbruch. Selbst die erst 1854 aufgesetzten, nach dem Muster von Pont-Croix geformten Spitzen der 76 Meter hohen Türme entwachsen organisch dem Ganzen.

Bevor wir die Kirche betreten, grüsst uns vom Giebel über dem Portal das Wappen des bretonischen Herzogs Johann V. (1379–1442), getragen vom Löwen der Montforts.

Gotik in ihrer schönsten Ausprägung umfängt uns im Innern der Kirche. Das Auge tastet an den Arkaden des Hauptschiffes entlang zum Chor, der seltsamerweise von der Längsachse deutlich nach links ausbiegt. Man erklärt diese Verschiebung, die man auch sonst an Kirchen findet, einmal mit einer möglichen Rücksichtnahme auf den Baugrund, sodann aber auch damit, dass die Kathedrale den Körper Christi versinnbildlicht und die gebrochene Linie an das geneigte Haupt des sterbenden Erlösers gemahnen soll.

In der neben dem Nordquerschiff liegenden «Kapelle der drei Blutstropfen» bewundern wir die in der Nähe des Taufbeckens stehende Alabasterfigur des Saint-Jean-des-Oiseaux, die ihren Namen den in den seitlichen Ranken sich schaukelnden Vögeln verdankt.

Draussen in dem an der Kirche sich entlangziehenden Garten erwarten uns, stimmungsvoll unter schattenden Bäumen aufgebaut und von den Resten eines Kreuzganges umschlossen, ein bretonischer Brunnen, ein fein kanelierter Menhir und andere steinerne Merkwürdigkeiten, die uns einen Vorgeschmack von dem geben, was wir in dem einzigartigen Museum an Folklore, Schnitzkunst und an einheimischer Keramik finden.

In den neben einer romanischen Kirche gelegenen Fayencerien im Vorort Locmaria verfolgen wir, wie diese hübschen Töpferwaren, die Schalen, Henkeltassen, Krüge und Figuren, von sicherer Hand unter Anlehnung an alte Motive mit farbenfrohen Mustern verziert und gebrannt werden. Nicht vergessen sei, dass der zu Quimper 1781 geborene bedeutende Arzt Laënnec die Medizin mit dem Stethoskop und damit der Auskultation (dem genauen Abhorchen und Abklopfen des menschlichen Körpers) beschenkte. Wie es zu dieser Erfindung kam, entbehrt nicht einer gewissen Pikanterie. Im Jahre 1816 kam zu René Laënnec, der damals noch ein unbekannter Arzt war, eine hübsche und wohlgeformte Frau, um ihn wegen eines Herzleidens zu konsultieren. Von der Schönheit seiner Patientin verwirrt, wagte der schüchterne junge Mediziner es nicht, sein Ohr an ihren Busen zu legen, um den Herzschlag abzuhören. In seiner Verlegenheit drehte er aus einem Stück steifen Papiers eine Rolle, eine Art Hörrohr, das, an die bewusste Stelle gesetzt, zu seinem eigenen Erstaunen die Herztöne besonders klar übermittelte. Das erste, noch primitive Stethoskop war erfunden und hatte sich als brauchbar erwiesen.

Ein anderer bedeutender Sohn der Stadt, Kerguelen, erforschte die australischen Gewässer, wo eine Inselgruppe seinen Namen trägt.

Seefahrer wie dieser war auch der 1738 hier geborene René Madec, der als Schiffsjunge von einem Schiff der Indien-Company ausriss und schwimmend in vier Stunden das an der Koromandelküste von Britisch-Indien gelegene Pondichéry erreichte. Märchenhaft sein Aufstieg! Er brachte es bis zum Maharadschah und wurde als erbitterter Gegner der Engländer vom französischen König für seine Taten mit dem Adelstitel belohnt.

Zu diesen Berühmtheiten gesellt sich noch der giftspritzende Kritiker und Philosophenfeind Fréron, der u.a. einem sarkastischen Epigramm Voltaires seinen Nachruhm verdankt.

L'autre jour, au fond d'un vallon,
Un serpent piqua Jean Fréron.
Que pensez-vous qu'il arriva?
Ce fut le serpent qui creva.

Biss da, 's ist noch gar nicht lange,
Unsern Fréron eine Schlange,
Ratet, was danach passiert?
Wisst, die Schlange ist krepiert!

Fahrt auf dem Odet

Ein strahlend schöner Tag mit einem Licht, wie es nur im Zusammenklang von spiegelndem Meer, blauem Himmel und einer glasklaren Luft entsteht, liegt über dem Land, wie wir uns von dem schmucken Motorboot von Quimper aus über den Odet südwärts tragen lassen. Ist es ein Fluss, ist es schon ein Meeresarm, der sich in der Baie de Kerogan zum See weitet oder durch den Fjord Les Vire-Court hindurchwindet? Der an der engsten Stelle aufragende Felsen trägt den Namen «Jungfernsprung», soll doch von ihm aus einem von Räubern verfolgten Mädchen der Riesensprung über den Meeresarm geglückt sein. Den anderen, am gegenüberliegenden

Concarneau: Der Hafen mit den wehrhaften Türmen der «Ville Close»

Ufer stehenden Felsen mit Namen «Bischofsstuhl», formten Engel zu einem Sitz für einen Prälaten, der gerne an diesem himmlisch schönen Ort meditierte.

Die Fahrt hinunter bis zu dem von einem Leuchtturm überragten Badeplatz Bénodet, dem Ausgangspunkt für einen Spaziergang zu den romanischen Kirchen von Fouesnant und Loctudy, zählt zu den schönsten Sommerfreuden der Bretagne. An jeder Biegung des Flusses zeigen sich neue Ausblicke. Smaragdgrüne, mit kleinen Gehölzen bestandene Hänge, dunkle Parks, aus denen die Sommersitze der Bischöfe von Quimper sich erheben, weisse Villen und an den Ufern ankernde Jachten, dazwischen nussschalenkleine Boote, die auf dem blaugrünen Wasser schaukeln: ein Paradies nicht nur für Angler und Wasserfreunde, sondern auch für alle Bewunderer einer traumhaft schönen Gegend.

Wo einst die stolze Stadt Ys versank

Wie phantasiebegabte Menschen in dahinsegelnden Wolken Fabelwesen, Vögel, Engel oder Drachen sehen, so glauben manche, im westlichsten Teil der Bretagne das plumpe Haupt einer Urweltechse erkennen zu können, deren Oberkiefer sich bei Brest in den Ozean vorschiebt und deren Unterkiefer von der Pointe du Raz gebildet wird. Aus dem aufgesperrten Maul schnellt die gespaltene Drachenzunge der Halbinsel Crozon mit der Pointe de Pen-Hir und dem Ziegenkap in die Bucht von Douarnenez vor. Weit reicht dieser Meeresarm in das Land hinein. So scheint es durchaus möglich, dass er ähnlich wie die Zuidersee durch eine Naturkatastrophe entstanden ist.

Netzflickende Fischersfrau mit der röhrenartigen «Coiffe»

Kein Wunder, dass sich dieses Ereignis auch in der bretonischen Sage widerspiegelt. In der Bucht von Douarnenez soll einstmals Ys, die Hauptstadt der alten Grafschaft Cornouaille, gestanden sein. Der Ruf ihrer Schönheit drang weithin über die Lande bis in das an der Seine gelegene Lutetia, das dem fern am Meer gelegenen Ys gleich sein wollte und sich Par-Ys, das heisst gleich-Ys nannte.

Eine glückliche Zeit muss es gewesen sein, als der heute noch vom Volk verehrte König Gradlon, ein bretonischer Barbarossa, über die zauberhafte Stadt herrschte. Er schützte sie durch mächtige Deiche gegen die Wut des Meeres und verwahrte selber die goldenen Schlüssel zu den mächtigen Schleusen. *Eine* Sorge aber war dem gütigen König auferlegt. Dahut, seine Tochter, auch Ahès genannt, führte ein lasterhaftes Leben und liess sich sogar mit dem Teufel ein, der sich ihr in Gestalt eines Buhlen näherte und von ihr die Schlüssel zu den Schleusentoren forderte. Dahut schlich sich in das Schlafgemach des Vaters, entwendete ihm die Schlüssel und übergab sie dem Teufel, der die Schleusen öffnete. Mit haushohen Wellen brach die Flut herein, raste durch die Strassen, walzte Häuser und Kirchen nieder und pochte mit gewaltigen Schlägen an die Mauer des Schlosses. Von dem Bischof Guénolé aus tiefem Schlaf geweckt, konnte sich Gradlon gerade noch aufs Ross schwingen und seine Tochter zu sich heraufziehen. Mit der doppelten Last versuchte das Pferd den anrollenden Wogen zu entkommen. Schon drohte es zusammenzubrechen, als eine Stimme vom Himmel König Gradlon mahnte: «Wirf ab die Teufelsbuhle, wenn du selber gerettet werden willst!» Der Vater gehorchte schweren Herzens, und alsbald glätteten sich die Wellen. Ys aber, die Stadt der goldenen Türme und der tausend Glocken, war im Meere versunken. Nur in stillen Nächten klingt noch dumpfes Geläute aus den Fluten.

Manche Fischer behaupten, sie hätten die Spitzen der Kirchtürme aus dem Wasser auftauchen sehen, und einer will sogar in der versunkenen Stadt die von ihrem Bischof Guénolé zelebrierte Messe miterlebt haben.

König Gradlon ritt weiter nach Quimper und machte es zu seiner Residenz. Dort steht sein Bild heute noch stolz zwischen den beiden Türmen der Kathedrale. Auch in Argol sieht man ihn auf gedrungenem Pferd dahersprengen, den Helm auf dem Haupt und das riesige Schwert zur Seite. Dahut aber wurde in die unglückbringende Fee Morgane verwandelt, in eine bretonische Loreley, die mit ihrem Gesang und ihrer Schönheit die Fischer auf den Meeresgrund lockt.

Tristan und Isolde

Voller Merkwürdigkeiten ist die Bucht von Douarnenez. In dem in sumpfigem Gelände liegenden Sainte-Anne-la-Palud, berühmt durch den am letzten Augustsonntag hier stattfindenden «Pardon», verehrt man die Mutter Mariens. Die Legende sieht in der heiligen Anna eine Königstochter von Cornouaille, die von Engeln nach Nazareth gebracht worden sei, um sie vor den Nachstellungen ihres bösen Gatten zu retten. Im fernen Palästina habe Mutter Anna die Jungfrau Maria zur Welt gebracht und sei dann später, um in bretonischer Erde beigesetzt zu werden, wieder in ihre Heimat zurückgekehrt.

In dieser Bucht dürfte sich auch die klassische Liebestragödie zwischen Tristan und Isolde abgespielt haben, ein Stoff, an dem sich immer wieder die Phantasie von Dichtern und Komponisten entzündete.

Dem Strande vorgelagert liegt in der blauen Meeresflut die Insel, die Tristans Namen trägt. Dort werden noch die Fundamente vom Schlosse des Königs Marke gezeigt, der im 5. oder 6. Jahrhundert als König Marc'h in Cornouaille geherrscht haben soll.

Hier verbrachte später der Neffe des Herrschers seine Jugendjahre. Es war Tristan, der diesen trauerverheissenden Namen deswegen erhielt, weil seine Mutter, Blanchefleur, bei seiner Geburt starb. Von dem Stallmeister Kurwenal aufgezogen, wurde der Knabe ein tapferer Edelmann, der sich bald das Vertrauen und die Freundschaft seines Onkels Marke erwarb. In jenen fernen Tagen musste Cornouaille alljährlich einen Tribut von 300 Jungfrauen an Irland bezahlen. Als der grimme Morolt eines Tages wieder die kostbare Fracht abholen wollte, forderte Tristan ihn auf der Samsoninsel zum Zweikampf. Bei dem heftigen Ringen schlug Tristan seinem Gegner das Schwert so tief in den Schädel, dass ein Splitter aus der Schneide brach und in der klaffenden Wunde steckenblieb. Doch auch der als Sieger gefeierte Tristan war so schwer verletzt, dass nur eine ihn heilen konnte: die Königin von Irland, eine Schwester Morolts. Nachdem er seinen Namen in Tandris umgewandelt hatte, trat Tristan als fahrender Sänger die Reise nach Irland an. Dort gesundete der todkranke Mann unter der Pflege der Königin und ihrer blonden Tochter Isolde. Der Zufall wollte, dass Isolde im Schwerte ihres Schützlings die Lücke entdeckte, in welche der im Schädel ihres Oheims steckende Splitter genau passte. Jetzt wusste sie, wer Morolt erschlagen hatte. An den Hof Markes zurückgekehrt, schilderte Tristan Isoldes Schönheit in so leuchtenden Farben, dass der König seinen Neffen aussandte, um für ihn um die Königstochter anzuhalten. Auf der Rückfahrt nach Cornouaille tranken Tristan und Isolde von dem Liebestrank, der die Prinzessin an den alternden König hätte binden sollen. Nun zeigte die Zauberdroge ihre verhängnisvolle Kraft an den beiden jungen Menschen, die in verzehrender Leidenschaft zueinander entbrannten. Kaum vermochten sie, vor König Marke ihre Liebesglut zu verbergen. Schliesslich wurde der Betrug offenbar, und die unglücklich Liebenden wurden zum Tode auf dem Scheiterhaufen verurteilt. Auf dem Wege dorthin flüchtete Tristan in eine nahe Kapelle und wollte sich von dort aus in das tief drunten liegende Meer stürzen. Doch der Wind fing sich in seinem weiten Gewand und trug ihn sanft zu dem Uferfelsen hinüber, der heute noch als «Tristansprung» auf der Insel vor Douarnenez gezeigt wird. Nach einer anderen

Version überraschte König Marke die Liebenden und brachte dem Ehebrecher eine tödliche Verletzung bei. Mit dem Tode ringend, verlangte Tristan zum letztenmal nach Isolde. Als sie sich über ihn beugte, presste er sie mit übermenschlicher Kraft an sich, so dass sie eines gemeinsamen Liebestodes starben. König Marke liess die Ungetreuen voneinander getrennt zu beiden Seiten einer Kapelle (vielleicht auch bei der jetzt verfallenen Burg Joyeuse-Garde bei Brest) beisetzen, um sie noch im Tode zu scheiden. Doch aus Isoldens Herz wuchs heimlich eine Rosenranke und vereinigte sich über dem Dach mit einer aus dem Herzen Tristans sprossenden Rebe. Dreimal beschnitt man die Schosse, und dreimal vereinigten sie sich wieder, als Zeichen einer über das Grab hinaus fortdauernden Liebe.

Das Meer, der Strand, die Felsen um Douarnenez sind seit jenen Zeiten dieselben geblieben. Doch statt den nach Irland segelnden Schiffen des Königs Marke schwimmen heute ungezählte Fischerboote in dem Hafenbecken der zu Füssen des Menez-Hom hingebreiteten Stadt. Durchdringender Geruch nach Fischen weht über die breiten Quais. Die vielen Fabriken, in denen die «Früchte des Meeres» eingepökelt und in Kisten verpackt werden, bekunden, dass wir uns in einem der bedeutendsten Sardinenfischereihäfen Frankreichs befinden. Nicht umsonst hat man hier eine moderne Markthalle errichtet, in der die silberschuppige Ware versteigert wird. Noch liegen während der herrschenden Ebbe die Boote hinter dem Schutzdamm mächtiger Molen regungslos auf seichtem Wasser oder auf glitzerndem Sand. Bald wird brausend die Flut kommen, dann werden die Fischer zur Fahrt rüsten und mit fast lautlos gleitenden Segelschiffen oder leise tuckernden Motorbooten wie schon zu Markes Zeiten hinausfahren auf das Meer.

Eine traurige Berühmtheit erlangte die stille Tristaninsel, als ein Adliger, La Fontenelle, sie zum Schlupfwinkel für sich und seine Spiessgesellen machte, die während der ligistischen Wirren das Land verwüsteten. Mit siebzehn Jahren floh La Fontenelle nach der Ermordung Heinrichs III. von der Schule zu Paris, kehrte in seine Heimat, die Bretagne, zurück und scharte eine Truppe verwegener Ligisten um sich. Ohne sich um Gesetz und Recht zu kümmern, besetzte er die Tristaninsel und befestigte sie mit dem Material, das er sich durch die Zerstörung von Douarnenez verschaffte.

Ungezählt waren seine Greueltaten. Als ihm Heinrich IV. vorschlug, gegen die endgültige Überlassung der Insel die Feindseligkeiten einzustellen, lehnte er das Angebot ab. Die Rache des Königs war fürchterlich. Im Jahre 1602 wurde der in eine Verschwörung verwickelte La Fontenelle gefangengenommen und vom Parlament zum Tod auf dem Rad verurteilt. Der Henker heftete ihn an ein Sankt-Andreas-Kreuz und zerschlug ihm dann mit einer Eisenstange die Gebeine. Der auseinandergezerrte Körper des Bandenführers wurde auf einem Rad befestigt und so lange öffentlich zur Schau gestellt, bis der Tod eintrat.

Das Glockenspiel zu Comfort

Auf der Fahrt zwischen Audierne und Douarnenez grüsst uns über kargem Nadelwald und den als Windschutz dienenden Hecken verheissungsvoll einer der bekannten stolzen bretonischen Türme aus einer Talfalte und verleitet uns, entgegen unserem Vorhaben einen Halt einzulegen. Der 67 Meter hohe Kirchturm von Pont-Croix diente mit seinen zwei filigranhaften Galerien, den an den Ecken herausschiessenden Wasserspeiern und der steinernen Zackenkrone den Architekten des 19. Jahrhunderts als Modell für die beiden Türme der Kathedrale zu Quimper.

Mit diesem noch in die Romanik zurückreichenden Vierungsturm wetteifert an Schönheit die Portalvorhalle, die sich nicht einfach damit begnügt, den Beter in die Kirche zu geleiten. Sie hält ihm vielmehr als prunkvoll ziselierten Schild einen Wimperg entgegen, aufwachsend wie die kostbare Mitra eines Bischofs. Feingemeisselte, mit gotischem Kleeblattmuster gefüllte Sonnenräder sind eingefügt in das steilaufwachsende Dreieck; sie werden kleiner und kleiner, bis sie die von einem Kruzifixus gekrönte Spitze des Wimpergs erreichen.

Dasselbe Spiel der Formen wiederholt sich nochmals auf den links und rechts aufwachsenden, niedrigeren Wimpergen.

Zu unserer Überraschung entdecken wir, dass die Gotik hier nur als Dekor einem romanischen Bau vorgeblendet wurde, entstammt doch die Kirche Notre-Dame-de-Roscudon als eines der wenigen Gotteshäuser der Bretagne noch der Romanik. Im stufenartig zum Altar aufsteigenden Innern der Kirche schieben sich gebündelte Säulen unter schmucklose Kapitäle, aus denen die Rippen der Arkaden emporschiessen. Sie begleiten das Mittelschiff und heben sich hell von den dunkeln Mauern der Kirche ab.

Eine neue Überraschung erwartet uns in der Kirche zu Comfort mit ihrem reich geschnitzten und kolorierten Gebälk. Wie wir nach kurzem Aufenthalt das Gotteshaus wieder verlassen wollen, bittet uns der Pfarrer, der vom Chor aus unser Interesse bemerkt hat, noch ein wenig zu verweilen. Während er sich für einen Augenblick entfernt, entdecken wir am Rand des Gewölbes ein seltsames Holzgestell, in welchem ein mit Glocken besetztes Rad von etwa zwei Meter Durchmesser hängt. Schon ist der Pfarrer zurückgekehrt, hat ein Tonbandgerät aufgestellt, und wir vernehmen nun in deutscher Sprache, was es mit der Kirche, der von vielen Kerzen angestrahlten Muttergottesstatue und vor allem mit dem seltsamen Glockenrad für eine Bewandtnis hat.

Einer der Erbauer der Kirche hatte ein stummes Kind, das auf wunderbare Weise von der Gottesmutter zu Comfort geheilt wurde.

Zum Dank dafür schuf der beglückte Vater das Glockenspielrad und hing es als Exvoto an die Kirchendecke. Dort lassen heute noch Mütter, deren Kinder stumm sind, das Glockenspiel zu Ehren der Jungfrau erklingen und bitten dabei, die Ohren der Kinder möchten sich für den reinen Klang öffnen, der in immer wiederkehrender, an ein Kirchenlied erinnernder Tonfolge den Raum durchtönt.

Stolz erklärt der Pfarrer, dass es nur etwa dreissig solcher Glokkenspiele in Frankreich gäbe, in Savoyen, in den Pyrenäen und im Jura; eines im deutschen Fulda habe sogar 350 Glocken besessen; keines aber sei so berühmt geworden, wie das in seiner Kirche, wo immer wieder neue Wunder die Hilfe der Muttergottes bestätigten. Bei Hochzeiten, Taufen und Festgottesdiensten erklingt das Glockenspiel. «Ziehen Sie getrost an dem dort herabhängenden Strang», fordert uns der Geistliche auf, «doch bitte sanft und ohne den Arm zu drehen, denn nur so kann das Rad richtig einschwingen.» Während der Nachklang der Glocken unter der Holzdecke hintönt, erklärt uns der Pfarrer die von einem Künstler aus Quimper vor 400 Jahren geschaffenen Farbfenster. Unter seinen deutenden Worten erhalten die Farbwunder noch höheren Glanz, und die dargestellten Figuren erwachen zu mystischem Leben:

«Sehen Sie dort Maria bei einer Stickarbeit, man kann gut in ihrer linken Hand die sorgfältig geführte Sticknadel erkennen. Jedes kleinste Detail der Stickerei ist sichtbar. Und hier ihr Gebetbuch, die Falten ihres Gewandes, die Brosche auf ihrer Brust, die Spangen in ihrem Haar, der gespannte Gesichtsausdruck, die Nägel in der Lehne ihres Stuhles.» Das ist ganz schlicht hingesprochen, aber es klingt weiter in uns, wie das melodiöse Läuten des Glockenspiels.

Concarneau: Fischerhafen

7777 Heilige und ihre «Pardons»

Glaubenbeflügelt
traten Füsse die Pfade,
die sich verlieren
zwischen Menhiren.

Glaubenbeflügelt
folgen Füsse dem Rot
wehender Fahnen
unter dem Himmel
lichtüberloht.

So zieht das Gewimmel
der Frauen in Reih'n
hinter goldfunkelnden
Kreuzen drein,
Sankt Anna zu ehren
im Kirchendunkel
bei dem Gefunkel
lodernder Kerzen,
die sich wie Herzen
der Frommen verzehren.

M. R.

Wie Menhire, Dolmen und Calvaires, gehören auch die «Pardons» zu den Eigentümlichkeiten der Bretagne. Für ungezählte schaulustige Fremde sind diese hohen, örtlich gebundenen kirchlichen Festtage nur eine Sehenswürdigkeit, eine Kuriosität, die man geschaut haben muss. Für die wallfahrts- und festfreudigen Bretonen jedoch sind sie Ausdruck kindlich gläubiger Verehrung, die sie ihren Nationalheiligen zollen. Bei solchen Pardons erfleht man deren Beistand, um Vergebung (= Pardon) von seinen Sünden zu erlangen. Man trägt ihnen aber auch sonstige Anliegen vor. Dabei werden unter Entfaltung allen kirchlichen Prunkes feierliche Bittgänge veranstaltet. Unwillkürlich sieht man etwas Verwandtes zwischen den kilometerlang das Land durchziehenden Reihen der Menhire, der streng einander zugeordneten Säulensteine, und diesen Prozessionen, die sich durch Feld und Flur, zwischen Dünengras und goldenem Ginster hindurchschlängeln auf Wegen, die vor Hunderten von Jahren glattgetreten wurden. In Trachten, die schon die Urahnen trugen, und unter Wahrung altüberlieferter Zeremonien wandern alt und jung, ja das ganze Dorf hinter Kreuzen,

Ein Bretone von dem an kahler Küste liegenden Lesconil

Bannern und reich bestickten Fahnen zu irgendeiner entlegenen Kapelle oder zum nächsten Dorf, um dort einen Heiligen, die Mutter Anna oder die Mutter Gottes, «die Gesundheit schenkt» oder «die Augen klar macht», zu verehren. So zahlreich wie die Heiligen in der Bretagne sind auch die Pardons. Auf dem Friedhof von Lanrivoaré, den Gläubige und Priester aus Ehrfurcht unbeschuht betreten, werden 7777 Heilige, die dort als Märtyrer gestorben sind, hoch verehrt.

7777 Heilige in der Bretagne! Die meisten von ihnen kamen zwischen dem 5. und 7. Jahrhundert als keltische Einwanderer aus Grossbritannien in die Bretagne, in das «Kleine Britannien», um hier als Klausner das Christentum zu predigen. Ihre fremdklingenden Namen, von denen wir viele noch nie gehört haben, finden sich nicht im römischen Heiligenverzeichnis, in keinem Lexikon, in keiner Legendensammlung, und nur wenige von ihnen wurden von Rom förmlich kanonisiert, d.h. zur Ehre der Altäre erhoben. Städte wie St-Malo, St-Brieuc, St-Pol-de-Léon, die kleinen Dörfer und Weiler, die Kapellen und Kirchen tragen ihre Namen. Im stillschweigenden Einverständnis mit der Kirche werden sie seit Jahrhunderten vom Volke verehrt und um Hilfe angerufen.

Die Männer, die in diese unwirtliche Landschaft kamen, mussten dem Kampf mit wilden Tieren und den Anfeindungen der Urbewohner gewachsen sein. Das spiegelt sich heute noch in den oft märchenhaften, ja fast heidnisch anmutenden Legenden wider, die von Kämpfen mit Drachen, vom Zähmen wilder Tiere und von Totenerweckungen berichten.

Die Bretonen standen und stehen noch heute mit ihren Heiligen auf du und du. Sie sind ihresgleichen; mit ihnen kann man reden wie mit dem Nachbarn, man ruft sie an bei Kopfweh, Leibschmerzen, Rückenweh und bringt ihnen Kerzen und Opfergaben dar, wenn sie halfen. Wehe, wenn sie ihre Hilfe versagten! Dann kam es vor, dass man ihre Statuen mit dem Gesicht gegen die Wand stellte, sie mit Wasser begoss oder ihnen andere Strafen androhte. So weiss der bedeutende bretonische Dichter Ernest Renan in seinen Jugenderinnerungen von einem Heiligen zu berichten, den man wie ein Pferd mit glühenden Hufen beschlagen wollte, falls er ein Kind nicht vom Fieber befreie. Der Hund des heiligen Hervé wurde mit Ruten gepeitscht, weil er die Wölfe nicht von den Schafen fernhielt.

Einmal im Jahr, meist im Sommer, feiert man den Ehrentag der Heiligen. Wie es bei uns ein Verzeichnis von Messen und Märkten gibt, so werden in der Bretagne die Pardons genau registriert, damit Überschneidungen vermieden werden. Gestern wurde solch ein Fest auf der Düne von Tronöen, heute wird es in Ste-Anne-la-Palud und morgen auf dem Kirchplatz von Plougastel gefeiert. Sogar auf dem Meere finden solche Feierlichkeiten statt, wie in St-Malo oder in der Einfahrt zur Insel Groix, wo der Geistliche die buntbewimpelten Schiffe und die See segnet.

Man opfert an diesen Tagen nicht nur Geld, sondern nach altem Brauch auch Naturalien, so Hafer in St-Nicolas-du-Pélem und in Notre-Dame-du-Crann Butterballen, mit den Bildern alter Model verziert.

Immer ist mit dem Pardon auch eine festliche Messe verbunden, die oft unter freiem Himmel stattfindet. Dann spricht der Geistliche von den manchmal an den Kapellen angebrachten Steinkanzeln zu dem um das Gotteshaus gescharten Volk. Wie zur Zeit Christi lagert sich die Menge im Freien zu wohlverdientem Mahle. Fern jeder Askese, verbindet sich mit dem geistlichen Fest auch ein der Welt zugewandtes Leben und Treiben. Ein kleiner Jahrmarkt sorgt für harmlose Vergnügen. Man tanzt da und dort noch bei den Melodien des Dudelsacks, Biniou genannt, und den Klängen der von Trommeln begleiteten Bombarden die alten bodenständigen Volkstänze, so die Gavotte, den hinwirbelnden Jabadao oder die Dérobée. Gerne messen sich die bretonischen Bauern im Ringkampf. Ähnlich wie in der Schweiz tragen sie dabei kurze Leinenhosen und eine von einem Stoffgürtel zusammengehaltene Jacke. Bevor der Kampf beginnt, tauschen die Ringer drei schallende

Küsse aus, dann packen sie sich in stummer Verbissenheit um Hals und Genick, stellen sich ein Bein und suchen sich vor der in atemloser Spannung zuschauenden Menge niederzuringen.

Während des festlichen Treibens trägt man in der Kirche dem verehrten Heiligen vertrauensvoll die Bitten vor. Man nimmt auf den Heimweg ein Medaillon, ein Heiligenbildchen, eine Flasche «heiliges Wasser» mit und hütet es sorgfältig, als trüge man eine wundertätige Reliquie nach Hause. Wie jeder Heilige, so erfüllt auch jeder einzelne Pardon seine besondere Aufgabe. In Josselin betet man am 8. September für die Fallsüchtigen, und in Lambour gibt es einen Pardon eigens für die Kinder. Selbst für die Haustiere, die unter dem Schutze von St-Gildas und St-Eligius stehen, hält man Pardons ab. Dabei werden festlich geschmückte Tiere am Pfingstsonntag bei Ebbe auf die Insel des heiligen Gildas von Port-Blanc gebracht, wo sie dreimal um die Kapelle ziehen und von dem vor Bauchgrimmen bewahrenden Brot zu fressen bekommen, das zuvor an der Statue des Heiligen gerieben wurde.

Zu Ehren St-Yves

Während es sich hier um engbegrenzte Pardons der Landbevölkerung handelt, geniessen andere Feste der Heiligen einen Ruf, der weit über die Landesgrenzen hinausgeht. So kommen zu dem am 19. Mai in Tréguier stattfindenden Pardon des heiligen Yves Juristen, mit Talar und Barett angetan, aus Frankreich, England und Deutschland und tragen die Reliquien ihres Schutzheiligen durch die festlich geschmückte Stadt, wobei die alte Sequenz vom gerechten Advokaten erklingt:

Sanctus Yvo, erat Brito
Advocatus et non latro,
Res miranda populo.

In Rom hat man dem grossen Heiligen, der am 19. Mai 1303, vom ganzen Volk betrauert, starb und schon 1347 kanonisiert wurde, die Universitätskirche von Sant'Ivo di Sapienzia, ein Meisterwerk Borrominis, geweiht. Fast immer ist der Heilige, im Advokatentalar, die Gerichtsrolle in den Händen, zwischen dem Reichen, dessen Börse er zurückweist, und dem Armen, dem er sich wohlwollend zuwendet, dargestellt. In der Nähe von Tréguier, am 17. Oktober 1253 als Sohn eines Edelmannes geboren, ist er einer der Landespatrone der Bretagne. Als Offizial (= kirchlicher Rechtspfleger) trat er unbestechlich für die Armen ein. Als sich einmal ein reicher Bösewicht wegen eines verlorenen Prozesses an dem schlafenden Advokaten rächen wollte, erwachte dieser und liess die schwarzen Haare des Übeltäters sich flammend rot färben, ein Brandmal, das über Generationen sich in jener Familie vererbte. Bekannt geworden ist St-Yves' salomonisches, ja humorvolles Urteil in folgendem Rechtsstreit: Ein reicher Prasser verklagte einen Bettler, weil er vor seinem Speisesaal herumlungere und sich an dem Duft der Speisen sättige. Dafür müsse er eine Entschädigung verlangen. St-Yves billigte sie ihm denn auch sofort zu. Dabei warf er eine Goldmünze so auf den Richtertisch, dass sie hell aufklang. Dann steckte er das Goldstück wieder ein. Dem verdutzten Kläger, der um seine Entschädigung bangte, erklärte er: «Le son paie l'odeur», zu deutsch: «Mit dem Klingeln ist der Duft bezahlt.»

Die Lichterprozession in Ste-Anne-d'Auray

Das Hafenstädtchen Auray verdankt nicht nur seiner Austernzucht, sondern noch mehr dem am 26. Juli in der Nähe stattfindenden Pardon seinen hohen Ruhm. Man erreicht Ste-Anne-d'Auray, den Schauplatz dieser Feierlichkeiten, am besten über die sehenswerte Chartreuse d'Auray und das Champ des Martyrs, wo 1795 dreihundert Konterrevolutionäre erschossen wurden. Die aussergewöhnlich grosse Beliebtheit, der sich diese Wallfahrt erfreut, und die hohe Verehrung, die hierzulande die Mutter Anna geniesst, dürften damit zusammenhängen, dass in der Bretagne der Fruchtbarkeitskult seit der Megalithkultur eine grosse Rolle spielt und dass deshalb auch die Mutterschaft eine besondere Hochschätzung geniesst. So geht sicher die Verehrung der Königin Anne de Bretagne als Landesmutter grossenteils auf ihren Vornamen zurück.

Die Entstehungsgeschichte der Wallfahrt in Auray hört sich wie eine alte Legende an, doch ist das, was hier im Jahre 1615 geschah, dokumentarisch festgelegt. Ein in Keranna (= Dorf der Anna) lebender Bauer sah plötzlich auf dem nächtlichen Heimweg vor sich eine von unsichtbarer Hand gehaltene Kerze schweben, deren Glanz ihn sicher nach Hause leitete. Dort angekommen, erschien ihm eine würdige, in weisses Linnen gekleidete Matrone, die ihm erklärte, sie sei die Mutter Mariens. Schon vor 986 Jahren habe auf der «Bocenno» genannten Gemarkung eine ihr geweihte Kapelle gestanden, die er, der Bauer, wieder aufrichten möge. Als der Mann ans Werk gehen wollte, hielt man ihn für verrückt; ja die Kirche wollte ihm sogar die Sakramente versagen. Doch wiederholte Erscheinungen der heiligen Anna flössten ihm neuen Mut ein. So ging er am Abend des 7. März 1615 mit einigen Getreuen hinter einer geheimnisvoll vor ihnen aufleuchtenden Kerze nach Bocenno, wo er auf Geheiss St. Annens nach einer Statue graben sollte. Schon nach wenigen Spatenstichen kam eine von Lehm bedeckte, grobgeschnitzte Holzstatue zum Vorschein: St. Anna. Ein Kirchlein wuchs empor, das später einer grossen Basilika weichen musste. Von dem alten, während der Französischen Revolution fast völlig vernichteten Gnadenbild besteht nur noch ein Stück, das man der neuen Statue einfügte. An dieser Gnadenstätte finden sich wie ehemals auch heute alljährlich Scharen von Gläubigen ein. Ein Lautsprecher überträgt aus dem Gotteshaus Gebete und Gesänge über den weiten, von knienden Pilgern erfüllten Platz. Zum Andenken an jene dem Bauern erschienene Kerze wird die Prozession im Lichterschein abgehalten. Wie in Lourdes werden Kerzen und Windschutzmanschetten feilgeboten, auf denen die Strophen des St.-Anna-Liedes abgedruckt sind. Brückenartig erhebt sich die 1872 erbaute «scala santa», die nur kniend erklommen werden darf. Ergreifend ist zu sehen, wie beispielsweise ein Paar, Mann und Frau, wohl mit derselben Bitte im Herzen, eins das andere stützend, sich die Treppe empormüht, die so als Symbol gemeinsamen beschwerlichen Lebensweges erscheint. Allmählich senkt sich die Nacht über Platz und Kirche. Pünktlich um 21.30 Uhr öffnen sich ihre Pforten. Eine nicht mehr endenwollende Lichterprozession schwankt hinaus in die Nacht. Sterne droben am Firmament und unten die irdischen Sterne der brennenden Kerzen, eine sanft hinwogende glitzernde Milchstrasse. Ihr flackerndes Licht bewegt sich im leichtfüssigen Sechsachteltakt des St.-Anna-Liedes, das in ungezählten Strophen abwechselnd auf bretonisch und französisch erklingt: «Itron Santez Anna, Ni ho ped a galon», bis zuletzt einstimmig im Refrain St. Annas Hilfe «sur terre, sur mer» herabgefleht wird.

Die meisten Wallfahrer verbringen die Nacht draussen auf freiem Felde, wachend und betend, beginnt doch schon um drei Uhr die erste heilige Messe. Der grosse Wallfahrtstag ist angebrochen. Die sonnendurchglühten Strassen sind mit bunten Bändern und Wimpeln für die etwa fünfzigtausend Wallfahrer reich geschmückt, die hier aus der ganzen Bretagne zusammenkommen. Fischer, Bauern, gezeichnet von harter Arbeit, Greise und Kinder, Mütter und Mädchen, Priester und Laien, alle geeint in tiefem Glauben. In der Prozession, die um 10.30 Uhr von der Kirche aus am Kriegerdenkmal für 250 000 gefallene Bretonen und an der Fontaine miraculeuse vorüberzieht, schreiten sieben Bischöfe, Äbte, Prälaten und Priester mit, allesamt in festlichen Gewändern, elfenbeinfarbig gekleidete Alumnen der Weissen Väter, Nonnen und die Töchter des Landes in den verschiedensten Trachten. Bestickte Fahnen wehen im Wind, silberne und goldene Vortragskreuze funkeln in der

Sonne – ein Bild von unerhörter Farbenpracht. Manchmal entsteht während der feierlich zelebrierten Messe in der betenden und singenden Menge eine kleine Unruhe, wenn ein Pilger in der Sonnenhitze ohnmächtig geworden ist. Endlich kündet das Glockenspiel mit dem Ave-Motiv die Mittagsstunde und damit das Ende der Morgenfeier an.

In ähnlicher Form findet auch am letzten Augustsonntag in Ste-Anne-la-Palud der Pardon statt, bei dem Frauen in farbenfrohen Trachten das unter einem kronenartigen Baldachin stehende Gnadenbild der Mutter Anne auf den Schultern durch die Fluren tragen.

Nicht weniger sehenswert ist der am 8. September in Le Folgoët und jener am Dreifaltigkeitssonntag in Rumengol gefeierte Pardon, bei dem die Bewohner der Inseln Sein und Ouessant mit festlich geschmückten Schiffen zu dem von König Gradlon gegründeten Muttergottesheiligtum «de Tout-Remède» pilgern.

Von Fackeln erleuchtetes Guingamp

Auch die im Tal des Trieux liegende Marktstadt Guingamp besitzt ein vielbesuchtes Marienheiligtum, die Kirche Notre-Dame-de-Bon-Secours. Am ersten Samstag im Juli kommen dort ungezählte Pilger zusammen, um sich die Gnade der «Mutter der guten Hilfe» zu erflehen. Dann wimmelt es schon tagsüber in den reizvollen Strassen von Gläubigen. Sie nützen die Gelegenheit, sich die Sehenswürdigkeiten anzuschauen, die ehemalige Befestigungsanlage und die Ruinen des einstigen Schlosses. Die meisten aber stehen bewundernd vor dem Renaissancebrunnen, «La Plomée», der es mit manchem seiner römischen Brüder aufnehmen kann. Während ehrwürdige alte Häuser auf die Place du Centre niederblicken, speien geflügelte Rosse Wasser in die drei übereinanderliegenden Becken, und aus den Brüsten der Najaden schiessen Strahlen, ein

Kirche und Kalvarienberg in Guimiliau

heiteres Spiel dämonischer Wesen, auf das von der Brunnensäule die Muttergottes niederblickt. Ihr hoch verehrtes Gnadenbild, eine «schwarze Madonna», steht auch in der Kirche Notre-Dame-de-Bon-Secours, und zwar in einer Nische der grossen, zu einer Aussenkapelle gebildeten Eingangshalle. Diese Kirche darf sich rühmen, halb der Gotik und halb der Renaissance anzugehören. Als das im 14. Jahrhundert im gotischen Stil errichtete Bauwerk 200 Jahre später durch den einstürzenden Südturm teilweise zerstört wurde, entschied sich die Bürgerschaft der Stadt merkwürdigerweise für etwas geradezu Revolutionäres; sie gab einem jungen Architekten, Le Moal, die Möglichkeit, seinen kühnen Plan zu verwirklichen, neben die erhalten gebliebenen gotischen Architekturteile solche der damals in der Bretagne noch unbekannten Renaissance zu stellen. Der Reiz dieser seltsamen Stilmischung erhöht sich noch, wenn am Abend des hier auf besondere Art und Weise begangenen Pardons der rötliche Fackelschein der feierlichen Prozession über die Kirchenfront gleitet. Sobald nach dem feierlichen Umzug die Fackeln erlöschen, entzündet der Bischof, der die Zeremonie leitet, drei grosse Freudenfeuer, die zu Ehren der Mutter Gottes zum Himmel emporlodern.

Josselin und sein Pardon

Ein eigenartiger Pardon wird in Josselin am 8. September gefeiert. Dann ist die im 11. Jahrhundert gegründete Basilika Notre-Dame-du-Roncier bis auf den letzten Platz mit Gläubigen gefüllt, die es sich nicht entgehen lassen, das Mausoleum von Olivier de Clisson und seiner Gattin Margarethe von Rohan und die seltsamerweise aus Schmiedeeisen gefertigte Kanzel zu bewundern.

Der Name «Unsere Liebe Frau vom Dornbusch» besteht zwar erst seit dem 15. Jahrhundert, geht aber auf eine uralte Legende zurück. Um das Jahr 800 entdeckte ein Bauer beim Schneiden einer

Ausdrucksvolle, bäuerlich-naive Kunst am Calvaire von Guimiliau

Dornenhecke ein Muttergottesbild. Er trug es nach Hause. Immer wieder kehrte die Statue an den alten Platz zurück. Der Bauer deutete dies als Wunsch des Himmels, dass an diesem Platz ein Heiligtum entstehen solle, die Basilika «Unserer Lieben Frau vom Dornbusch». Zwar wurde die wundertätige Statue 1793 verbrannt, aber das erhalten gebliebene Stück wird heute noch von den Pilgern verehrt.

Der Pardon trägt den seltsamen, im ersten Augenblick befremdenden Namen: «Pardon des aboyeuses», was sich etwa mit Bellerinnen übersetzen lässt. Das Wort erklärt sich daraus, dass 1728 drei Kinder, die an einer seltsamen Form der Epilepsie litten und dabei bellende Laute ausstiessen, auf wunderbare Weise in Josselin geheilt wurden.

Die grosse Troménie in Locronan

Der Höhepunkt der bretonischen Pardons dürfte die Troménie in Locronan, einer Zwergstadt von kaum 800 Einwohnern, sein. Mit der grossartigen Kirche, die ihren wuchtigen Turmstumpf hoch über die danebenstehende Pénitykapelle erhebt, mit den grauen, dem 16. und 17. Jahrhundert entstammenden, einen weiten Platz umschliessenden Häusern aus Granit, ist hier eine einzigartige Kulisse gegeben für die alljährlich am 2. Juli gefeierte Troménie. Loc Ronan = Ort des Ronan! Stolz trägt die in ihrem mittelalterlichen Bild vielleicht besterhaltene bretonische Stadt den Namen dieses eigenwilligen Heiligen. Wie die Legende erzählt und das heute noch gesungene Ronanlied vermeldet, «kam der selige Herr Ronan auf der Insel Irland, im Land der Sachsen jenseits des blauen

Meeres, als Sohn mächtiger Eltern zur Welt». Er war in seiner Heimat bereits Bischof, als ihn der Ruf des Herrn veranlasste, über das Meer zu fahren. Ronan gehorchte, kniete auf einen am Ufer liegenden Felsblock, der ihn, allen Naturgesetzen spottend, durch die Fluten in die Bretagne trug. Kaum berührte der Felsblock das Festland, verwandelte er sich in einen feurigen Schimmel. Auf ihm durchritt der Heilige predigend und lehrend das Land und kam so in die Gegend von Locronan, wo er fortan als Eremit lebte. Auf weiten Märschen durch das unwirtliche Land verwuchs er so mit den Tieren, dass selbst ein wilder Wolf seinem Befehl gehorchte und ein geraubtes Lämmlein unversehrt zu Füssen des Heiligen niederlegte. Die Leute der Gegend fürchteten sich vor dem mit überirdischer Kraft ausgestatteten Mann, den sie durch ihren Fürsten des Landes verweisen lassen wollten. Doch dieser war von St-Ronan so beeindruckt, dass er ihn fast täglich besuchte, sehr zum Ärger seines bösen Weibes Kében. Als ihr Schimpfen und Toben nichts nützte, ging sie selber zu St-Ronan und drohte ihm Fürchterliches an. Bei König Gradlon verklagte sie den frommen Mann, er habe sich in einen Wolf verwandelt und als solcher ihr Töchterchen getötet. Gradlon liess den Eremiten nach Quimper bringen, wo er zur Strafe für seine Untat von zwei riesigen Hunden zerfleischt werden sollte. Doch die Bestien legten sich winselnd zu Füssen Ronans nieder. Noch grösser war das Erstaunen des Königs, als der Eremit das von Kében selber ermordete Kind in einer Truhe versteckt fand, es bei der Hand nahm und ihm das Leben zurückgab.

Eine Zeitlang noch lebte St-Ronan in seiner Einsiedelei, dann soll er fortgezogen und in der Nähe von St-Brieuc gestorben sein. Da man nicht wusste, wo er begraben sein wollte, legte man den Leichnam auf einen Karren und liess ihn von zwei Ochsen durch Feld und Wald ziehen. Als das Gefährt in die Nähe der früheren Behausung des Einsiedlers kam, versteinerte es. Auch die darüber sich hinbreitenden Baumkronen wurden zu Stein und fügten sich zu dem gotischen Gewölbe der Kirche zusammen, die sich heute über Ronans Grab erhebt.

Aus der Eremitage entwickelte sich die kleine Stadt, die ihre Wohlhabenheit der Herstellung von Segeltuch verdankt. Noch heute kann man durch niedere Fenster beobachten, wie auf klappernden Webstühlen kunstvolle Decken, Kissenbezüge und andere hübsche Dinge entstehen.

Ein Bildschnitzer hat seine ganze Hauswand mit Figuren geschmückt, die handwerkliches Können verraten und auf alte bretonische Tradition zurückgehen. So könnte man eine in der Kirche stehende, von ihm angefertigte St.-Sebastian-Statue für eine mittelalterliche Plastik halten.

Während untertags die vor der Kirche parkenden Autos den Eindruck des grosszügig angelegten Platzes stören, gewinnt er am Abend, wenn Ruhe eingekehrt ist, seine Schönheit zurück. Mit welchem Stilgefühl wurde der rundgefasste Steinbrunnen mit seinem graziösen schmiedeeisernen Baldachin ein wenig aus der Mitte des Platzes gerückt! Wie fein abgewogen ist das Auf und Ab der alten, mit einer Lukarne geschmückten Giebel, die das mächtige Gotteshaus in ihre Mitte genommen haben. «Eine Kirche wie eine Kathedrale», sagen die Bretonen voll Stolz. Im Kircheninnern klettert grünes Moos an den wuchtigen Säulen empor und hat bereits die sich verzweigenden Rippen der gotischen Gewölbe erreicht. Nur die um 1700 entstandenen fünfzehn Medaillons am Altar und die zehn anderen, die am Kanzelaufgang die Lebensgeschichte Sankt Ronans erzählen, leuchten in frohen Farben. Ebenso eine Grablegung Christi, deren fast lebensgrosse Figuren, in buntbemalte Gewänder gehüllt und mit phantastischen Kopfbedeckungen geschmückt, sich um den toten Erlöser mühen. Von hier aus geht der Blick zum Grabmal des Heiligen, einer von sechs streng stilisierten Engeln geschulterten Hochreliefplatte, auf welcher St-Ronan, in bischöflichem Ornat und von einem Löwen bewacht, aufgebahrt liegt.

Noch ruht draussen das warme Licht der Abendsonne auf dem spätgotischen Portal der Kirche und auf der zierlichen Pforte der sich anschliessenden Pénitykapelle. Langsam steigt der Schatten an den Wimpergen und Fialen empor. Schliesslich verglüht die Balustrade des Hauptturms, aus welchem sich vor dem zerstörenden Blitzschlag von 1806 statt des steinernen Tonsurkäppchens die stolze Mitra der Turmspitze erhob.

Jetzt flammt da und dort hinter gotischen Fenstern rötliches Licht auf, und die Crèperien locken mit den köstlichen Düften ihrer hauchdünn gebackenen Pfannkuchen die Gäste in ihre stilvoll eingerichteten Räume.

Zu eigenem Leben erwacht die Zwergstadt, wenn am zweiten Julisonntag die Troménie gefeiert wird (bretonisch: tro minihy). Wie die Legende erzählt, soll St-Ronan von seiner Eremitage aus fastend und betend täglich barfuss einen Rundgang gemacht haben, den er am sechsten Tage auf die doppelte Länge ausdehnte, um sich dann am siebten, wie Gott Vater, der wohlverdienten Ruhe hingeben zu können. Die täglichen Rundgänge wiederholen sich in den sogenannten kleinen Troménien, der erweiterte Rundgang jedoch in der alle sechs Jahre gefeierten grossen Troménie. Sie ist nicht nur für die nähere und weitere Umgebung ein Ereignis, sondern für die ganze Bretagne.

Schon am Vorabend findet vor dem angestrahlten Portal der Kirche eine Art Spiel statt. Ein alter Bauer trägt, als St-Ronan verkleidet, das aus dem Wolfsrachen gerettete Lamm auf seinen Armen. Er erweckt auch das in reichgeschnitzter bretonischer Truhe gebettete Töchterchen der Kében wieder zum Leben. In weiteren Szenen sehen wir die bretonische Herzogin Anne unter den Wallfahrern beten. Ein Ablassbrief aus dem 18. Jahrhundert wird verlesen; dann tönt das Ronanslied «Saint Ronan, ô Patron» durch die engen Gassen hinaus auf die ohne Übergang sich anschliessenden Wiesen und Felder. Flackernde Kerzen in den Fenstern, Glockenjubel: Die grosse Troménie beginnt mit der feierlichen Mitternachtsmesse. Am Sonntagmorgen kommen weitere Gruppen von Pilgern aus den umliegenden Ortschaften und erfüllen während der Festmesse den weiten Kirchenraum mit ihren malerischen Trachten. Ministranten verteilen geweihtes Brot – dann plötzlich dröhnt während der Wandlung statt dem silbernen Klang eines Glöckchens Trommelwirbel durch den Raum.

Nach der Messe vertreiben sich in den überfüllten Gaststuben frohe Menschen mit Schmausen und Trinken die Zeit, bis dann um zwei Uhr die Prozession beginnt. An 44 Laubhütten vorbei, aus denen Heiligenstatuen der Nachbarkirchen grüssen, geht es hinauf zur Höhe. Durch Hohlwege und zwischen Gebüsch folgt die Prozession dem einstigen zwölf Kilometer langen Weg des Heiligen, bei sengender Hitze, ein anstrengender Busspfad! Zwölfmal hält der prunkvolle Zug an alten Wegkreuzen zu kurzem Gebet und zum Sammeln von Opfergaben für die Heiligen der Nachbardörfer. Dann wird im Sturmschritt die letzte Strecke zur Kuppe des 289 Meter hohen, mit Wacholder und Ginster bedeckten Berges genommen. Trommelwirbel feuert die Ermüdeten an. Der Berg ist erklommen. Allein schon wegen der sich bietenden Aussicht hat sich der mühevolle Bussgang gelohnt. In der Ferne das glitzernde Meer mit den schattenhaften Umrissen der Halbinsel Crozon, sanft sich hinschmiegend die Hügellinien mit dem höchsten Punkt, dem Menez-Hom, und davor von Hecken eingefasst die Weiden und Felder! Der Rückweg führt an dem Felsblock vorbei, der St-Ronan bei seiner Fahrt über das Meer als Reittier gedient haben soll. Auch die Stelle wird gezeigt, wo die böse Kében gerade ihre Wäsche wusch, als der Wagen mit dem Leichnam des Heiligen vorüberfuhr. Wie eines der Kanzelmedaillons schildert, schlug das schlimme Weib in ihrer Wut einem der Zugochsen ein Horn mit dem Waschklotz ab und spie dem Toten ins Antlitz. Im selben Augenblick öffnete sich die Erde, und der Höllenfürst zog die Frevlerin zu sich hinab.

Glockenklang begrüsst die heimkehrende Prozession. Noch ein letztes Opfer wird von den Teilnehmern gefordert. Sie müssen sich, bevor sie in die Pénitykapelle eintreten, unter dem von zwei kräftigen Burschen emporgehaltenen Reliquienschrein des Heiligen bücken. Als Dank für diese Ehrung nimmt St-Ronan sie ein ganzes Jahr über in seinen besonderen Schutz.

Das Mysterium der Calvaires

Was mag die Bretonen bewogen haben, vor vielen ihrer Kirchen die sogenannten Calvaires zu erstellen, und wer mögen die Künstler gewesen sein, die das Werk ausführten?

Unwillkürlich stellt man sich die Frage, steht man zum erstenmal vor solch einem fremdartig anmutenden Kalvarienberg, wie wir ihn oft in tiefer Abgeschiedenheit oder von einem kirchlichen Bezirk umschlossen vorfinden, angefangen mit jenem aus dem 15. Jahrhundert in der menschenfernen Dünenlandschaft emporwachsenden Calvaire von Tronöen bis zu jenem von Quilinen, der im mitreissenden Aufschwung der Gotik als schlanke, in sich gestraffte Pyramide himmelwärts strebt und damit, ins Transzendentale weisend, sich bereits von dem Typus des «erzählenden» Calvaire abgewendet hat.

Wir müssen annehmen, dass hier nicht etwa bekannte Künstler am Werke waren, sondern biedere Steinmetze, die, wie später im Barock die Stukkateure, sich so lange in einem Dorfe niederliessen, bis die ihnen aufgetragene Arbeit erfüllt war.

Viele der Calvaires dürften auf ein während der Pestzeit abgelegtes Gelübde zurückgehen. Vielleicht vermeinten die Pfarrherren, durch die eindringliche Bildsprache der Kalvarienberge die damals noch im tiefsten Herzensgrunde heidnisch denkenden Bretonen leichter für das Christentum gewinnen zu können. Was nützte es schon, dass die aus dem Norden kommenden Missionare manche der Menhire mit christlichen Symbolen versahen? Das Volk *glaubte* an die magische Kraft dieser Steine. Es bedurfte wahrlich stärkerer Mittel, die in uraltem Glauben verhafteten Kelten zu überzeugen.

Der Abt von St-Gildas-de-Rhuys, der berühmte Philosoph und Theologe Abélard, schildert um 1140 in seinen Briefen an Heloïse die Bretonen nicht gerade als zugängliche Menschen:

«Ich bewohne ein barbarisches Land, dessen Sprache mir unbekannt und schrecklich ist. Ich habe nur mit Wilden zu tun. Meine Spazierwege sind die ungastlichen Gestade eines aufgewühlten Meeres. Meine Mönche kennen nur die Regel der Regellosigkeit. Mein Haus würde man nie für eine Abtei halten. Die Türen sind mit Rehhufen geschmückt, mit Wölfen, Bären, Ebern und mit den hässlichen Larven der Eulen. Ich bestehe täglich neue Gefahren. Manchmal glaube ich ein Schwert über meinem Haupte hängen zu sehen.» – Aber nicht mit einem Schwert, sondern mit Gift suchten sich die Mönche ihres Abtes zu entledigen, der 1140 bei Nacht und Nebel entfloh.

Man muss es den an den Calvaires arbeitenden Steinmetzen lassen, dass sie ihrer Aufgabe in hervorragender Weise gerecht wurden. Ob sie ihre Anregungen von den damals auf den Kirchplätzen aufgeführten Mysterienspielen erhielten, ob der Pfarrer ihnen die Motive vorschrieb oder ob sie diese nach eigenem Gutdünken auswählten, immer trafen sie den Volkston und sprachen so den einfachen, des Lesens und Schreibens Unkundigen mit dieser bildgewordenen «biblia pauperum» unmittelbar an, einmal über das Auge und sodann auch über den Tastsinn. Primitive Menschen wollen den Gegenstand ihrer Verehrung fühlen können, der eine das Amulett und die Alraune, der andere die Reliquie, den Rosenkranz oder das Kreuz. Auch die Figuren an den Calvaires waren betastbar. Mit allen Sinnen konnte man sie erleben.

Nach Herzenslust durften die Steinmetze ihrer Erzählfreudigkeit freien Lauf lassen. Dabei haben sie in übertragenem Sinne «dem

Die Wimperge des Südportals von N. D. de Roscudon in Pont-Croix

Hochzeitstanz zwischen den Menhiren bei Carnac

Volk aufs Maul geschaut». Sie bannten in ihre Bildwerke den vom Felde heimkehrenden Bauern, den rauhen Landsknecht, den wohlhabenden Bürger, so wie sie ihnen tagtäglich begegneten. Manche Dorfschöne dürfte ihnen Modell gestanden haben. Darauf beruht die unmittelbare Wirkung dieser bäuerlich-naiven Kunst, der wir uns auch nach 400 Jahren nicht entziehen können. Im Gegenteil, wir haben heute durch die Kunst der «Primitiven» einen neuen Zugang zu diesen Plastiken gefunden. – Allein schon durch die Härte des Materials mussten die Steinmetze sich auf das Wesentliche beschränken. Dennoch gelang es ihnen, Gesichter und Hände individuell zu gestalten. Meist umziehen zwei übereinanderliegende Friese den altarähnlichen Sockel, der untere halbplastisch, der andere auf der Plattform stehende in voller Plastik. Manchmal, wie in St-Thégonnec, greift die Handlung von einem Fries unmittelbar in den anderen über, so dass beispielsweise über dem Heiligen Grab gleich der den Tod besiegende Erlöser schwebt.

Mittelpunkt der dargestellten Szenen ist das Kreuz auf Golgatha, meist als Lebensbaum mit den stehengebliebenen Astansätzen dargestellt. Ihm beigesellt sind da und dort die beiden Schächer und auch Longinus mit der Lanze. Diese Kalvarienkreuze waren sicherlich die Vorbilder für die ungezählten Wegkreuze, denen man auf Schritt und Tritt begegnet. «Und Gott ist selber vieltausendmal an alle Strassen gestellt», kann man mit Rilke sagen. Diese Wegkreuze, die es verdienten, in einem Bildband gewürdigt zu werden, sind meist wie ein Januskopf doppelseitig skulptiert. So blicken sie die Strasse hinauf und hinunter und schauen symbolisch in die Vergangenheit und in die Zukunft.

An dem, was die bretonischen Steinmetze schufen, arbeiteten Regen, Sturm und der Atem des Meeres weiter. Diese Kräfte vereinfachten das Einfache noch mehr, überzogen Gewänder, Arme und Gesichter mit moosigem Schleier und setzten ihnen als natürliche Polychromie die Farbtupfen einer hektischen Erkrankung des Steines auf, gegen die auch der härteste Granit nicht gefeit ist.

Diese Zeichen der Vergänglichkeit steigern noch die Mystik der Calvaires. Je mehr wir ihrem Geheimnis nachspüren, um so weniger vermögen wir es jemals ganz zu ergründen.

Der «Heilige Bezirk»

Der «enclos paroissial», der «Heilige Bezirk», der sich um das Gotteshaus breitet, ist nur aus der Mentalität der Bretonen zu verstehen. In ihm wird die im 16. Jahrhundert hier herrschende Wohlhabenheit offenbar, vor allem aber die Freude dieser Menschen, in grossartigen Bauten ihren tiefen Gottesglauben zu beweisen, in das flache, sich hindehnende Land die himmelstrebenden Türme, jene ins Riesenhafte gesteigerten Menhire zu stellen, Fackeln tiefer Gottesliebe, die unter der gelblichen Moosdecke im prallen Sonnenlicht golden aufglühen.

Die Einstellung zum Tode, der den Fischern und Seeleuten stets nahe ist, lässt sich ebenfalls aus diesen Pfarrbezirken ablesen. Flaubert drückt das so aus: «Zwischen Taufbecken und Friedhof erfüllt sich das Leben dieser Menschen.» Ankou, der knochige Tod, ist allgegenwärtig. Nach der Überlieferung ist ihm an Weihnachten sogar das Recht gegeben, während der Christmette die Kirche zu betreten und jene Gläubigen zu bezeichnen, die er als Sensenmann im kommenden Jahre fällen wird. Er verfolgt den Beter bis zur Kirchenschwelle, ja er ruft ihm mit eingemeisselter Mahnung über dem Weihwasserbecken auch hier noch sein «ich töte Euch alle» entgegen. Nicht nur gegen den leiblichen Tod, nein, auch gegen den seelischen galt es sich zu schützen. Darum schuf man einen von starken Mauern umschirmten Kirchhof, eine Art Freistatt, auf der die

Heimgegangenen bestattet wurden. Ganz bewusst und deutlich wird dieser Bezirk von der übrigen Umwelt abgegrenzt. Das beweist allein schon die hinter den Stufen der Eingangspforte senkrecht in das Mauerwerk eingefügte hohe Steinplatte, die man mit einem erzwungen-grossen Schritt überqueren muss, um in das Reich der Toten zu gelangen.

Auch die Calvaires waren teilweise für die Abgeschiedenen bestimmt. In den auf ihnen dargestellten Passionsszenen und in der Kreuzigungsgruppe sollte bewiesen werden, dass durch Christi Leiden und Tod Schuld und Sünde getilgt und das ewige Leben gewährleistet werden. Dabei gelten Maria, Johannes, der auf bretonischem Gaul reitende Longinus und die Büsserin Magdalena als mächtige Fürsprecher.

In ähnlichem Sinne ist das meist prunkhaft ausgestattete, zum Pfarrbezirk führende Triumphtor zu verstehen, hinter dem der Tote vor der ewigen Verdammnis geborgen ist. Auch das Beinhaus (ossuaire), in dem man ursprünglich nur die nach einiger Zeit ausgegrabenen Knochenreste und Schädel barg, wurde bald zu einem reichgeschmückten Bauwerk, einer Art Kapelle, in welcher Beers in der Nacht vor der Beisetzung beim Sarge der Toten Wache hielten.

Im «enclos paroissial» werden die Lebenden stets an die letzten Dinge erinnert, bei jedem Kirchgang halten sie Zwiesprache mit den Verstorbenen. Aus uraltem keltischem Glauben heraus suchen sie diese durch ihr Gebet daran zu hindern, als unglückbringende Geister wiederzukehren.

Dreiklang der Türme von Pleyben

Bei dem Kalvarienberg von Pleyben hat sichtlich ein römisches Siegestor Pate gestanden. Wie das frühe Christentum in der Basilika den Triumphbogen mit dem Siegeskreuz Christi verband, so ist auch hier die Idee des kreuzgeschmückten Siegesbogens auf originelle Weise verwirklicht. Im Gegensatz zu anderen Calvaires beschränkt sich der von Pleyben auf eine in feierliche Ordnung gebrachte Folge von wenigen Figuren, beginnend mit der Verkündigung und endigend mit der Passion.

Am dem heiligen Germanus von Auxerre geweihten Gotteshaus bauten, wie es heisst: «Trois générations, chacun selon son goût, mais sans discordance» – also drei Generationen, jede nach ihrem Geschmack, doch ohne einen Missklang. Sehenswert sind das reich geschnitzte Gebälk, die prächtigen Altäre, ein grosses Farbfenster, der polygonal gebrochene Chor und die als selbständiger Zentralbau 1719 der Kirche angefügte Sakristei. Was Pleyben unvergesslich macht und sich als klar umrissenes Bild einprägt, ist der Zusammenklang der Türme, die hinter einer riesigen Zeder und über dem Calvaire aufsteigen, einer den andern an Schönheit übertreffend. Ein bleistiftschlankes gotisches Türmchen pfeilt mit spitzem Helm empor. Der dahinter stehende höhere gotische Seitenturm greift das Thema auf, wandelt es in einer Balustrade und grossen Fensterdurchbrüchen graziös ab und wächst dann in einem mit Krabben besetzten Turmhelm himmelwärts. Weit alles andere hinter sich lassend, schiesst raketenhaft ein dritter vor der Kirche stehender Renaissanceturm empor, ein Urbild an Kraft und trotzdem, wie der Kreisker in St-Pol-de-Léon, von einer bezwingenden Eleganz. Der untere Teil des Turmes, von den übereck angefügten Mauerstützen verstärkt, wird durch eine schmale Galerie unterteilt. Dann steigt das nur durch zwei lange, schiessschartenschmale Fensterschlitze durchbrochene Mauerwerk auf zu einer zweiten Galerie, über der sich eine steinerne Krone erhebt, gebildet aus vier an die Ecken gestellten Laternen und der aus ihrer Mitte aufwachsenden Hauptlaterne. Was im Kreisker noch in den spitzen Formen der Gotik gestaltet wurde, erscheint hier umgewandelt in die Rundungen der Renaissance. So gleicht dieser Turm einem riesigen Menhir, dem das Urtümliche, Erdverbundene blieb, obwohl die Hand des Architekten ihn zu einem vollendeten Kunstwerk werden liess. Man kann es verstehen, dass die Bretonen mit jeder Faser ihres Herzens an den Türmen ihrer Kirchen hingen. So konnte Ludwig XIV. nach der blutig niedergeschlagenen Steuerrevolte von 1675 seine aufständischen Untertanen nicht schlimmer bestrafen, als dass er einigen ihrer Kirchtürme die Spitzen abschlagen liess. Mit dieser tückisch ersonnenen Prozedur brach der König den Stolz der Bretonen. Dieser Stoss traf sie mitten ins Herz.

Rund um das «Tor zur Unterwelt»

Das alte keltische Sprichwort:

> «Kant bro – Kant giz,
> Kant barez – Kant ilit»
> «Hundert Dörfer – hundert Sitten,
> hundert Pfarreien – hundert Kirchen»

wird uns besonders deutlich, wenn wir von Châteaulin aus die verhältnismässig kleine Rundfahrt machen, welche die Monts d'Arrée einschliesst und den in diesem Bergland gelegenen Moorsee Yeun Elez. Die Sage sieht in diesem trügerischen und fauligen

Gewässer, in dem jedes Leben erloschen scheint, das Tor zur Unterwelt. Selbst an heiteren Sonnentagen wirkt der düstere See unheimlich. Der Torfboden ringsum gibt unter jedem Tritt nach, und trübes Wasser quillt in die Schrittspur. Wie mit Polypenarmen schlingt sich das Moor um die Füsse des Wanderers, der verwegenerweise diesen Bezirk betritt, und sucht ihn hinabzuziehen in das Reich der Toten. Schwelender Brand frisst sich oft durch das dürre Heidekraut und den Torf. Dann legt sich beizender Rauch über das Wasser und löscht seinen Glanz. Ziehen gar die Herbstnebel in dichten Schwaden über das Gewässer, dann gehört nicht viel Einbildungskraft dazu, hier den «Youdis», den Schlund zur Unterwelt, zu sehen. Aus ihm kehren nach uraltem keltischem Glauben die Geister jener Toten wieder, die ob ihrer Untaten nicht zur ewigen Ruhe gelangen können. Mit den feuchten Schleiern der Winternebel schleichen sie um die Häuser, fassen nach den Lebenden und legen sich ihnen als Alpdruck auf die Brust. Nur wenigen Priestern war früher einmal die Kraft gegeben, diese Geister dadurch zu bannen, dass sie ihnen die Stola um den Hals schlangen. Den so gebändigten Geist nähte man in die Haut eines schwarzen Hundes oder eines Wolfes und versenkte ihn im Wasser des Yeun Elez. Doch das Geheul der Wölfe wollte nicht verstummen, bis endlich auf der Spitze des 382 Meter hohen Michaelsberges in strahlender Rüstung der Erzengel erschien und den höllischen Geistern Schweigen gebot.

Um diesen Ort des Grauens haben die Bretonen, um den Mächten der Finsternis das Licht inbrünstigen Glaubens entgegenzusetzen, einen Kranz von Kirchen und Kapellen gelegt und sie jeweils unter den Schutz eines wundertätigen Heiligen gestellt. Man ist stets aufs neue verwundert, in armseligen, nur aus ein paar Häusern bestehenden Ortschaften und Weilern Gotteshäuser anzutreffen, in deren Reichtum sich eine fast unvorstellbare Opferbereitschaft der Menschen früherer Jahrhunderte offenbart.

In Châteaulin, an dessen stillen Aulne-Ufern die Forellenfischer ihre Angeln in das Wasser senken, erwartet uns zwar eine neuzeitliche Kirche, dafür aber birgt das nahe St-Sébastien-en-Ségal einen ländlich-stillen Pfarrbezirk mit Triumphpforte und Figurenkreuz, die weithin über Weiler und Wiesen in das liebliche Aulnetal blicken. Im Kircheninnern welche barocke Fülle: Trauben, Girlanden, Buketts und dazwischen etwas steif geratene Heiligenfiguren. Eine naive Fabulierfreudigkeit offenbart sich in den Reliefs der Medaillons, die die Kindheit Jesu erzählen. Die Geburt Christi wird hier zu einem echten bretonischen Weihnachtsfest, bei dem Hirten mit dem Dudelsack und ein Engelchen mit der Fidel dem Neugeborenen aufspielen. Der neugierig lauschende Ochse gleicht jenen, wie wir sie, schwarz-weiss gefleckt, überall auf den Weiden antreffen. Hier flieht die Heilige Familie mit einem viel zu klein geratenen Esel nach Ägypten, dort wird das Jesuskind im Tempel dargebracht.

In Le Faou steigt, schon vom Hauch der nahen Meeresbucht gestreift, neben bemerkenswerten alten Häusern wiederum eine Kirche hinter einer alten Brücke auf.

Interessanter ist das in der Nähe liegende Rumengol, das dreimal im Jahr Schauplatz berühmter Pardons ist. Hier soll der sagenhafte König Gradlon eine Kirche erbaut haben. Im Innern des Gotteshauses halten sich barocke Kunst und gutgemeinter Kitsch, wie er nun eben einmal zu einer bäuerlichen Wallfahrtskirche gehört, die Waage. Vor dem silbernen, ganz in strahlendes Weiss gehüllten Gnadenbild der Muttergottes brennen ungezählte Kerzen, ganze Lichterpyramiden; ihr Duft vermengt sich mit dem welkender Blumensträusse, die bretonische Bäuerinnen zu Ehren der Jungfrau mitbrachten. Soldaten und Offiziere, deren Bitten erhört wurden, opferten ihre zwischen marmornen Exvotos hängenden Orden und Medaillen. Auf reizvoller Strasse geht es ostwärts nach Brasparts mit seinem geschlossenen Pfarrbezirk. Der Kunstbeflissene wird sich auch hier reich belohnt finden, entdeckt er doch in der Renaissancevorhalle, am Beinhaus und im Gotteshaus Werke von Rang, unter denen die hölzerne Pieta im Kircheninnern und jene andere am Figurenkreuz des Kirchhofs besonders hervorzuheben sind.

In Lannédern grüsst der heilige Edern, der wie St-Théleau auf einem Hirsch reitet, die Gläubigen vom Figurenkreuz herab. Der Überlieferung nach kam er im 5. Jahrhundert mit seiner Schwester Genoveva in diese einsame Gegend. Wie eine geschnitzte Holztafel im Kircheninnern erzählt, bot sich dem Heiligen ein Hirsch zum Reittier an, nachdem sein Pferd getötet worden war. Dieser Hirsch, der auch auf einem Fenster im Chor erscheint, muss ein tüchtiges Reittier gewesen sein. Die Sage berichtet, dass St-Edern und seine Schwester den Entschluss gefasst hatten, das von ihnen in Besitz genommene Land zu teilen. St-Edern sollte soviel erhalten, als sein Hirsch in einer Nacht bis zum ersten Hahnenschrei umschreiten könne. Als Genoveva sah, dass das Tier gar mächtig ausholte und dass sie selber wahrscheinlich leer ausgehen würde, weckte sie auf recht unsanfte Weise den Hahn, der dann auch gerade noch zur rechten Zeit sein Kikeriki erschallen liess. Trotz dieses nicht ganz einwandfreien Gebarens verehrt man seit jener Zeit die heilige Geneviève im nahen Loqueffret.

Haben wir in Lannédern das kostbare, mit Glöckchen und Heiligenfiguren geschmückte silberne Prozessionskreuz bewundert, fasziniert uns in der Kapelle zu St-Herbot das von 1571 stammende Figurenkreuz. Wie auf manchen frühgotischen Darstellungen ist auf der Vorderseite des Bildwerks der abgezehrte Christus mit verrenkten Gliedern an das Marterholz gespannt. Die Rückseite zeigt den Lokalheiligen als Eremiten mit Stab und aufgeschlagenem Buch in den Händen.

Wie der heilige Cornély von Carnac gilt auch er als Beschützer des Hornviehs. Als besonderes Zeichen der Verehrung legen noch heute die Bauern auf einen neben dem Lettner stehenden Steintisch die Schwanzhaare ihrer Rinder nieder. Sie werden sich dabei sicher kaum bewusst werden, welche einzigartige Kostbarkeit dieser mit gedrechselten Stäben, Relieftafeln und einer Kreuzigungsgruppe geschmückte, dem 16. Jahrhundert entstammende Holzlettner darstellt.

Bretonische Fischer nach erfolgreichem Fang

In der Kirche zu Brennilis gilt unsere Bewunderung einem Farbfenster mit der seltsamen Darstellung der heiligen Anna, in deren Leib die noch ungeborene Maria sichtbar wird. Unwillkürlich drängt sich uns der Vergleich mit Gemälden von Chagall auf.

In Brennilis, das sich mit seinen Häusern ganz nahe an den Yeun Elez heranschiebt, begegnen wir neben den Zeugnissen christlichen Glaubens auch dem Rätselvollen aus grauer Vorzeit. Was mag es mit dem Ti-ar-Boudiked, dem «Haus der Zwerge», für eine Bewandtnis haben? Welcher keltische Fürst fand in diesem 14 Meter langen, halb unter einem Erdhügel verborgenen Dolmen seine letzte Ruhestätte? Man bestaunt in Ravenna die aus einem Stein gemeisselte Kuppel auf dem Grabmal Theoderichs und findet hier im verwunschensten Winkel der Bretagne das Gegenstück in dem 35 Tonnen schweren Felsblock, den Giganten über die Steinkammer legten. Dieselben Riesen mögen auch den achteinhalb Meter hohen Menhir im Weiler Cloître errichtet haben.

Commana, Triumph des Barocks! Einmalig ist hier das Jubilate der Farben und Formen im Innern der Kirche. Sind wir hier noch in der Bretagne, wo sonst der Granit seine strenge und ernste Sprache spricht, oder wurden wir durch ein Zauberwort in das Innere einer bayerischen Barockkirche getragen? Welche Sinnenfreude, welche Lebensbejahung spricht aus den von Weinlaub umrankten Holzsäulen, den Früchten, Blumen und Putten, die wie Vögel ihr heiteres Spiel um die Altäre treiben, gesegnet von dem Jesusknaben, der in seiner kleinen Hand die Weltkugel hält.

In Sizun erschliesst sich uns wieder eine ganz andere Welt. Mit der berühmten Triumphpforte greift die Renaissance offensichtlich auf die strenge Architektur römischer Siegestore zurück. Gekrönt von einem Altar und einem kleinen Calvaire, schwingen sich drei Bogen, von korinthischen Säulen getragen, hinüber zu einem Beinhaus, das in seiner strengen Gliederung mit den von Karyatiden abgestützten Rundbogen im Erdgeschoss und dem darüber hinlaufenden Zug strenger Heiligenfiguren ganz der Klassik angehört.

oben: Über die Aulne schwingt sich die kühne Brücke von Térénez (272 m)

unten: Mit spielerischer Leichtigkeit überspannt die Brücke von Louppe den Elorn (880 m)

Welch ein Kontrast, stehen wir in dem mit vier riesigen Steinplatten gedeckten Ganggrab von Mougan, wo das spärlich einfallende Tageslicht Ritzzeichnungen hervortreten lässt, in denen man Äxte mit Stielen zu erkennen glaubt.

Geritzt in die Felswand
undeutbare Zeichen
vergangener Zeiten:
Fruchttragende Halme
oder – wer weiss – ein Pflug?

Setzten wir
daneben die Zeichen
unserer Zeit:
Stacheldraht,
die Mauer aus Erz,
Flugzeugtrümmer,
verhungerte Kinder, –
wären auch sie vielleicht
undeutbar
in einem Jahrtausend.

M. R.

Von Langusten,

einer Seeschlacht und dem ersten Unterseeboot

Die Stille einer sommerlichen Mittagsstunde liegt über Camaret-sur-Mer, über der Mole «Sillon» und dem am Hafen sich hinziehenden Kai. Die Strassen scheinen ausgestorben, nur drei Fischer hocken schweigend neben einem umgestürzten, an Land gezogenen Kahn. Denken sie zurück an die ertragreichen Fahrten im vergangenen Januar oder an die bénédiction de la mer, die Segnung des Meeres, der sie sicher den grossen Fang an Langusten zu danken hatten? Zu Stapeln sind an der Mole die seltsam geformten Körbe, sogenannte cassiers, aufgeschichtet, in denen man die begehrten Krustentiere fängt oder, besser gesagt, sich selber fangen lässt. Man versenkt diese schlau erdachten Fallen im Meer und kennzeichnet dann die Stelle mit verschiedenartig gefärbten Fähnchen.

Wir betrachten uns solch einen tonnenförmigen Korb näher. Er ist aus starken Holzstäben zusammengefügt und wird mit einem geflochtenen Deckel und Boden verschlossen. Menschliche List versah diese Behälter an der Längsseite mit einer Öffnung, gerade gross genug, dass eine Languste, von dem Köder im Innern des Korbes angelockt, zwar hineinkriechen, aber wegen der sperrigen, fühlerartigen «Antennen» nicht mehr entrinnen kann. So jedenfalls erklären wir uns beim Betrachten dieser käfigartigen Gebilde den Hergang des Fanges. Grausamer Mensch, der dem Gaumen zuliebe solche Fallen ersann, denken wir jetzt beim Anblick dieser Vielzahl von Körben und haben es wieder vergessen, sobald uns ein rotgesottenes Krustentier, appetitlich zubereitet, serviert wird.

Wir schlendern langsam die Hafenstrasse entlang und lassen uns auf einer Orientierungstafel aus Majolikakacheln, die in den Keramikwerkstätten zu Quimper angefertigt wurden, den komplizierten Verlauf der gezackten, von der Flut des Meeres aufgespaltenen und benagten Küstenlinie zeigen. Vor einem Laden hat ein findiger Antiquitätenhändler, um sein Angebot verlockender zu machen, einen geschnitzten bretonischen Schrank und Keramik zur Schau gestellt. Würziger Geruch von Holz, Teer, Wasser und Fischen umweht uns. Schiffsbauer fügen eben dem Kiel eines im Bau befindlichen Schiffes die riesigen Rippen der Spanten ein. Mit derselben Technik wurden sicherlich ehemals auch die bretonischen Kirchendecken, die umgestürzten Schiffsrümpfen gleichen, eingewölbt. Nicht immer lag solcher Frieden wie heute über diesem

Hafen. Für die Engländer, Spanier und Holländer war Camaret ein begehrtes Angriffsziel. Darum wurde es im Jahre 1689 von Vauban stark befestigt. Bereits fünf Jahre später versuchte eine englisch-holländische Flotte hier zu landen. Kaum waren die feindlichen Schiffe in Schussweite gekommen, wurden sie von geschickt getarnten Landbatterien unter Feuer genommen und zum Teil versenkt. Die Milizsoldaten der Küstenwache warfen die wenigen ausgebooteten Landetruppen wieder ins Meer zurück. Vauban selber leitete von dem sogenannten «roten Turm» aus die Schlacht; er liess sich nicht einmal vertreiben, als eine Kanonenkugel die Spitze des nahen Kirchturmes wegriss.

Im Weiterschreiten sehen wir immer wieder den Vaubanturm und auch die Kapelle Notre-Dame-de-Rocamadour zwischen den braunen Segeln und der Takelage der Fischerboote auftauchen.

Das bescheidene Kirchlein, das zur Zeit der Äquinoktien von Springfluten umschäumt ist, brannte 1910 ab und wurde im alten Stil wieder aufgebaut. Es birgt unter dem tief heruntergezogenen Dach kleine, sorgfältig den grossen Schiffen nachgebildete Modelle, die fromme Fischer zum Dank für Errettung aus Seenot als Votivgeschenke stifteten.

Ende des 18. Jahrhunderts war die Bucht von Camaret Schauplatz eines bedeutsamen Ereignisses, erprobte doch hier der amerikanische Ingenieur und Erfinder Fulton, der seit 1797 in französischen Diensten stand, das erste Unterseeboot. Sein von ihm konstruiertes kleines Schiff mit fünf Mann Besatzung vermochte sich mit Hilfe ineinandergefügter Ruder mit zwei Knoten Geschwindigkeit unter Wasser fortzubewegen und dort bis zu sechs Stunden zu verweilen. Dieses noch sehr primitive Unterseeboot konnte an einem feindlichen Schiff eine Sprengladung anbringen. Ein Uhrwerk oder, wie man heute sagen würde, ein Zeitzünder sollte die Explosion auslösen. Fulton hatte eine englische Fregatte, die in einer Bucht von Camaret vor Anker gegangen war, zum Angriffsziel ausersehen. Es war ausgesprochenes Erfinderpech, dass das anzugreifende Schiff, obwohl es das Unterseeboot nicht bemerkt hatte, im Augenblick des Angriffs die Anker lichtete. Fulton, dessen Stern nach dem gescheiterten Versuch im Sinken war, kehrte verbittert nach Amerika zurück. Es sollte bis zum Ende des 19. Jahrhunderts dauern, bis seine der Zeit weit vorauseilende Erfindung wieder aufgegriffen und ausgewertet wurde.

Wo die Erdbeerernte den Hochzeitstermin bestimmt

Es ist keine Einbildung, sondern Wirklichkeit, dass uns auf der Fahrt über die gewundenen Strassen der zwischen Brest und Crozon gelegenen Halbinsel Plougastel aus Gärten und den durch Hecken schachbrettartig aufgeteilten Feldern Erdbeerduft entgegenweht. Lockend liegt das Erdbeerparadies vor uns. Überall werden uns in geflochtenen Körbchen die rotleuchtenden, festen und innen mürben Früchte angeboten, die neben Zuckererbsen und Melonen die begehrte Spezialität dieses gesegneten Landstrichs sind. Nach den Statistiken sollen auf der Halbinsel jährlich allein etwa 3000 Tonnen Erdbeeren eingebracht werden.

Kein Wunder, dass Anbau und Ernte dieser köstlichen Früchte einen wichtigen Faktor im Leben der Landbewohner darstellen, ja sogar mitbestimmend sind für den Rhythmus ihres Lebens. So werden hier die Hochzeiten, oft ein Dutzend an einem Tag, meist auf Ende Februar gelegt, weil dann die Flitterwochen nicht mit dem Beginn der Feldarbeiten zusammenfallen. Aus alter Erfahrung hat man auch errechnet, dass die mit besonderem Prunk gefeierten Kindtaufen nicht mit den zu erwartenden Ernten kollidieren. So besteht noch der anderwärts verlorengegangene Einklang von Natur und Mensch: Aussaat und Ernte auf den Feldern und ebenso im Leben der Bauern.

Bringen die Frauen die Erträgnisse des Landes zum Markt, so tragen sie noch wie zu Grossväterzeiten zu der schwarzen Tracht ein lebhaft kontrastierendes, über die Schultern geschlungenes buntes Tuch und dazu eine an die mittelalterlichen «Hennins» erinnernde Haube, die durch mehrere seitlich geknotete Bänder unter dem Kinn festgebunden wird. Nach alter Weisung sollte ehemals ein Mädchen, das etwas auf sich hielt, zwölf Dutzend solcher Hauben besitzen, konnte doch der grosse Waschtag nur zwei- bis dreimal im Jahr stattfinden.

Im Gegensatz zu den verheirateten Frauen kleiden sich die Mädchen farbenfroh in Maigrün und hellem Lila. Über der einfarbigen Bluse tragen sie ein durchbrochenes Spitzentuch, und an der strahlend weissen Coiffe flattern grüne und lila Bänder. Sie harmonieren mit dem Himmelblau, das die Tracht der Burschen farbenfroher macht, wenn diese sich, mit breitkrempigen schwarzen Hüten, bestickten Westen und schwarzen Hosen angetan, beim Kirchgang sehen lassen.

Grün, Lila, Blau – ein Farbakkord, den wir auch am Gebälk der Kirche zu Plougastel wiederfinden. Wie grosse Teile des Städtchens wurde auch das Gotteshaus während des letzten Krieges zerstört, aber unter Anlehnung an alte Formen wiederhergestellt. Es war kein leichtes Problem, das neugeschaffene Kircheninnere in seiner nüchternen Klarheit mit den noch erhalten gebliebenen hohen gotischen Fenstern in Einklang zu bringen. Statt den sonst üblichen Symbolen, Ähre und Traube, zeigt der Altartisch die Frucht des Landes, die Erdbeere, als Schmuck.

Der draussen vor der Kirche stehende, 1602 entstandene Calvaire, mit seinen zwanzig verschiedenen Szenen und fast zweihundert Figuren der grösste der Bretagne, wurde ebenfalls im Kriege stark beschädigt. Man muss aber schon genau hinschauen, um feststellen zu können, welche der Figuren, die alle um das Leben und Sterben

Christi kreisen, alt sind und welche ergänzt wurden. Aus dem übermannshohen steinernen Sockel, den man an den vier Ecken durchschreiten und über seitlich angebrachte Stufen ersteigen kann, wächst schlank der Kreuzesstamm empor. Zuoberst trägt er den Erlöser, ein wenig tiefer auf einem Querbalken zwei lanzenbewehrte Reiter auf gedrungenen Pferden und darunter eine Pieta, von Johannes und Magdalena eingerahmt. In respektvoller Entfernung wachsen die beiden kleineren T-förmigen Kreuze mit den Schächern empor. In der Gruppierung und Ausführung der Bildwerke glaubt man den Einfluss des Calvaires von Guimiliau zu erkennen.

Der Dichter Flaubert, der 1847 die Bretagne bereiste, gibt ein anschauliches Bild einzelner Szenen: «Die Männer, die Christus halten, binden ihn mit all ihren Kräften, so dass ihre Muskeln zu zerspringen scheinen. Jener, der ihm eine Grimasse schneidet, tut dies in einer Weise, dass es zum Lachen reizt. Die Soldaten, die ihn zum Richtplatz führen, blasen Trompeten und schlagen Trommeln. Sie werden von einem Offizier zu Pferde angeführt, der das Haupt in geradezu grossartiger Arroganz erhoben hat. Stellt man sich alle diese Gestalten in Trachten wie auf den Bildern von Tenier vor, mit runden, nach oben umgeschlagenen Hüten, mit engen Wämslein, die feiste Bäuchlein umschliessen, mit grossen Manschetten und mit gebauschten Pluderhosen, dazu breite Gesichter und offene Augen, so hat man ein Ganzes voller Phantasie vor sich, etwas echt Naives und doch Gehobenes, das ganz von mittelalterlicher Poesie durchtränkt ist.»

Wir lassen es uns nicht nehmen, von Plougastel aus die Bucht von Auberlac'h, die Landspitze Armorique, den Aussichtspunkt von Keraménez mit dem Blick auf die Stadt Brest, vor allem aber die Kapellen Ste-Christine, St-Adrien und St-Guénolé zu besuchen. Jedes dieser Gotteshäuser weiss mit etwas Besonderem aufzuwarten.

In Ste-Christine trägt die heilige Christine ein Mühlrad wie eine Krause um den Hals, und der Eremit Antonius, in Bayern als «Sautoni» bekannt, zeigt sich mit Schwein und Glöckchen.

In St-Adrien interessieren die alten bretonischen Möbel, eine Sitzbank mit Kasten und Schiebetüren, ausserdem ein herrliches Holzpanneau von 1739 mit stilisierten Blumenmotiven.

In St-Guénolé verblüfft die Darstellung der heiligen Guén, auch Blanche genannt, die mit drei Brüsten beschenkt wurde, um ihre Drillinge Guénolé, Jacut und Vennec gleichzeitig stillen zu können. Kinderreiche und kinderlose Mütter wallfahren zu dem seltsamen Heiligenbild, in dem das Geheimnis des trinitarischen Lebensquells angedeutet sein dürfte.

Doch jetzt können wir es kaum mehr erwarten, in dem nahen Daoulas den um die ehemalige Abtei sich erstreckenden heiligen Bezirk kennenzulernen. Trotzdem scheuen wir nicht den kleinen Umweg zu den bei Rungléo stehenden Menhiren, von denen einer mit drei Reihen von Apostelgestalten und einem segnenden Heiland christianisiert wurde.

In Daoulas geleitet uns ein zur dortigen Klosterschule gehörender Pförtner an einer seltenen Blauzeder vorbei zu dem Klostergarten, in dem 32 Arkaden eines romanischen Kreuzganges aus dem 12. Jahrhundert, vom Lichte der sinkenden Sonne gestreift, wie eine steingewordene Melodie hinschwingen. Die abwechselnd von einfachen und von Doppelsäulen getragenen Kapitäle zeigen deutlich normannischen Einfluss in dem eigentümlichen Zickzackmuster. Wir entdecken dieses auch an der inmitten des Klosterhofs aus Blumenrabatten aufsteigenden Brunnenschale.

In dem verwilderten Park entspringt neben der Kapelle Notre-Dame-des-Fontaines eine Quelle mit einer eigenartigen Fassung, die unser unermüdlich plaudernder Führer zu deuten weiss: Nahte man ehemals der im Brunnenhaus thronenden Gottesmutter, so wusch man zuvor symbolisch allen irdischen Staub im klaren Wasser der drei stufenartig hintereinander im Boden eingelassenen Becken ab. Zuerst wurden die Füsse gereinigt, dann die Hände und schliesslich Gesicht und Augen. Wie sehr müssen die Menschen, die das Quellwasser auf solche Weise verwendeten, sich der Hintergründigkeit

St-Thégonnec: Die Kirche mit dem eindrucksvollen Turm

dieser kultischen Handlung sowie ihrer den Leib und die Seele stärkenden Kraft bewusst gewesen sein!

Schritten die Füsse nicht leichter, griffen die Hände nicht freudiger nach dem Guten, und öffneten sich die Augen nicht klarer dem Heilbringenden, wenn heiliges Wasser sie netzte?

Nach dieser Waschung flehten die Pilger in dem mit gedrehten Holzsäulen geschmückten Kirchlein zur Muttergottes und zum heiligen Théléau, der mit Bischofsmütze und wallendem Mantel auf einem Hirsch daherreitet. Wie passt gerade dieser typisch bretonische Heilige, dessen suggestive Kraft den ungezähmten Hirsch in ein Reittier verwandelte, in diesen von uralten Bäumen umschlossenen Bezirk! Buchs und mächtige Eichen haben ihn in ihre Obhut genommen, Vogelsang erfüllt ihn, und von ferne tönt das Hämmern eines Spechtes herein in diese Oase des Friedens.

Brücken und Brest

Wie frühere Jahrhunderte der Bretagne die Türme gaben, so schenkte unsere Zeit diesem Lande die Brücken.

Was wäre die buchtenreiche Halbinsel, zerrissen durch Fjorde, zerschnitten durch Flussläufe, gespalten durch Mündungstrichter, ohne diese Brücken! Um von einem Ufer zum anderen zu gelangen, bedürfte es selbst im Zeitalter des Autos oft vieler Stunden, nähme da nicht eine kühne Brückenkonstruktion die Strasse auf ihren Rücken und trüge sie, ein gigantischer Christophorus, geduldig über Schluchten und spiegelndes Wasser. Mit diesen Brücken hat Menschengeist die Natur bezwungen. Was getrennt war, wurde vereint, das Ferne einander nahe gebracht; und der Wirtschaft wurden neue

Detail des Calvaires in St-Thégonnec

Möglichkeiten erschlossen. Je nach den Gegebenheiten der Natur schufen die Ingenieure kühne Bauten aus Stahl und Beton, keine der anderen gleich, einmal in einem einzigen Bogen die Kluft überspringend, dann wieder als Anlehnung an römische Aquädukte in Arkaden aufgelöst. Pylone wuchsen empor, mächtige Betontürme, denen man einen neuen Sinn gab. Ehemals Mittler zwischen Himmel und Erde, sind sie heute, verbunden durch stählerne Trosse, Mittler zwischen Ufer und Ufer, Stadt und Stadt, Mensch und Mensch. Wir finden solche Brücken bei Carnac über den Crach, zwischen Auray und Lorient, über die Baie d'Etel, zwischen Le Faou und der Halbinsel Crozon, wo die 1952 von Térénez erbaute Brücke in tiefer Einsamkeit sich königlich über den Fjord der Aulne schwingt, oder vor Brest, wo die 880 Meter lange Brücke von Louppe mit spielerischer Leichtigkeit in drei Bogen den breiten Elorn überspannt und damit die Zufahrt zur Stadt um 25 Kilometer verkürzt. Schon lange bevor wir, von Daoulas kommend, den Fjord erreichen, steigt am Horizont das neue Brest empor, eine schimmernde Stadt, im strahlenden Weiss ihrer Bauten, eingebettet in das satte Grün der Landschaft. Bis zum Elorn schieben sich die Vororte der über 100 000 Einwohner zählenden Stadt heran. Weit draussen vor dem Stadtkern vereinigen sich die von Le Faou, Landerneau und Le Folgoët kommenden Strassen und führen die kerzengerade Rue Jean-Jaurès zur Place Général Leclerc, die, umgeben von monumentalen Neubauten, die Rolle eines «Verteilers» übernommen hat. Wir fahren die Rue de Siam weiter, die vor dem stromartig geweiteten Penfeld unerbittlich Halt machen müsste, würde sie nicht vom Pont National, der 1954 eingeweihten grössten Hebebrücke Europas, zum andern Ufer getragen. Das 87 Meter lange und 530 Tonnen schwere, von riesigen Gewichten in der Schwebe gehaltene Brückenjoch gleitet zwischen vier Stahlbetonpfeilern mit einer Höhe von 64 Metern wie ein riesiger Fahrstuhl hinunter zum Ufer, wo schwimmende Brücken den bescheideneren Verkehr bewältigen. Eine zweite, noch gewaltigere Brücke, der Pont de l'Harteloire, überquert in einer Höhe von 40 Metern bei einer Länge von 634 Metern abermals den Penfeld mitsamt seinen Kranen, Materialschuppen, Werften und Schiffen des Arsenals.

Brest lebt mit den Brücken, lebt durch die Brücken!

Sie bieten herrliche Einblicke in das bunte Bild der Hafenanlagen, auf die ankernden Handelsschiffe, die grauen Ungetüme der Kriegsschiffe und auf die mittelalterlichen Befestigungsanlagen, die einst die Mündung des Penfeld bewachten, so die Türme Azenor und Madeleine, wie auch das im Gegenlicht des Mittags dunkel aufwachsende Schloss. Hinter diesem bietet die nach ihrem Planer benannte und 1769 von Sträflingen des Marinebagnos erstellte Promenadenstrasse Cours Dajot einen faszinierenden Blick auf die Reede, ein von der Natur geschaffenes, fünf Kilometer langes und 1800 Meter breites Becken mit tiefeingeschnittenen Ufern, das mit dem offenen Meer durch eine kaum zwei Kilometer breite Durchfahrt in Verbindung steht und durch Elorn und Aulne tief in das Land hineinreicht.

Auf dieser 15 000 Hektar umfassenden Wasserfläche könnten, wie man errechnet hat, sämtliche Kriegsflotten Europas ankern. Diesem seit 2000 Jahren benutzten Naturbecken verdankt Brest seine ungeheure Bedeutung als Kriegs- und Handelshafen sowie seine buntbewegte geschichtliche Vergangenheit. Während des 1341 beginnenden Erbfolgekrieges vertraute der mit den Engländern verbündete Montfort unvorsichtigerweise den Briten den Schutz der Stadt an, die diesen für ein seefahrendes Volk so wichtigen Hafenplatz nicht mehr herausgaben, selbst als Montfort mit Waffengewalt Brest zurückzuerobern versuchte. Vergebens eilte der französische König innerhalb von fünf Jahren dreimal zu Hilfe. Was der Waffengewalt versagt blieb, erreichte Karl VI. durch seine Heirat mit der englischen Königstochter, welche die Stadt 1397 der französischen Krone zurückbrachte.

Im Jahre 1513 griff eine englische Flotte die Stadt an. Die französischen Schiffe sollten den Angriff stoppen, wichen aber in die

Hafeneinfahrt zurück. So bekam «La Belle Cordelière», das schöne, von Anne de Bretagne ihrem Herzogtum geschenkte Schiff, das den Rückzug decken sollte, die ganze Wucht des feindlichen Angriffs zu spüren. Die «Belle Cordelière» hatte nicht nur rohes Kriegsvolk an Bord. Als der völlig überraschende Befehl zum Auslaufen gegeben wurde, befanden sich etwa dreihundert Gäste auf dem Schiff und feierten ein frohes Fest. Sie alle, Männer wie Frauen, wurden mit in den Kampf hineingerissen und mussten mit der 1100 Mann starken Besatzung das bittere Ende miterleben. Während das englische Schiff «Regent» Seite an Seite mit der «Cordelière» kämpfte, brach auf dieser Feuer aus. Der Engländer versuchte abzukommen, doch der bretonische Kapitän Hervé de Portzmoguer, der keinen anderen Ausweg mehr sah, hakte sich an den Flanken des gegnerischen Schiffes fest. Es war der 10. August, der Tag des heiligen Laurentius, der auf einem Roste starb. Dessen eingedenk, rief der Kapitän seinen Gästen und der Mannschaft zu: «Wir werden St. Laurentius feiern, der durch Feuer starb!» Eine furchtbare Explosion, und beide Schiffe flogen Bord an Bord in die Luft.

Colbert, der grösste Minister der französischen Marine, verwirklichte im 17. Jahrhundert den Plan Richelieus, indem er Brest zur maritimen Hauptstadt des Königreiches erhob. Um sich gute Schiffsbesatzungen zu sichern, führte er die nach 300 Jahren heute noch bestehende «Seerolle» ein, in die alle für den Seemannsberuf in Frage kommenden Küstenbewohner, hauptsächlich Fischer, eingetragen werden. Eine Kanonierschule, eine Gardemarineschule, eine hydrographische Schule und eine Marineschule für Kriegsbaukunst sorgten für glänzend ausgebildeten Nachwuchs in allen Sparten der Seefahrt.

Die an Bug und Heck reich geschnitzten Schiffe verdrängten in jener Zeit bereits 5000 Tonnen und trugen bis zu 120 Geschütze. Als Ludwig XIV. den Hafen von Brest besichtigte, hatte Colbert persönlich die Kleidung der Matrosen bestimmt, ja selbst die Barttracht angeordnet.

Duquesne, der sieben Jahre lang Brest befehligte und im Jahre 1683 Algier bombardierte, verbesserte durch versteckte Batterien die später von Vauban noch ergänzten Befestigungsanlagen und stellte dort ein fünf Meter langes, dem algerischen Bey abgenommenes Kanonenrohr als Siegesdenkmal auf. Im Jahre 1778 machte wieder ein Schiff, «La Belle Poule», von sich reden; es traf während des amerikanischen Unabhängigkeitskrieges mit dem englischen Schiff «Arethusa» zusammen und schlug es in die Flucht. Diesen kriegerischen Erfolg nahm ein Pariser Haarkünstler zum Anlass, eine Frisur «à la Belle Poule» zu kreieren, einen Haaraufbau, auf dem ein kleines Schiff mit geblähtem Segel Platz fand.

Ein Jahr später wettete ein englischer Kapitän, keine französische Fregatte könne seiner «Quebec» widerstehen. Du Couëdic, der Kommandant der «Surveillante», nahm die Herausforderung an. Auf der Höhe von Ouessant entspann sich ein fürchterlicher Kampf, in dessen Verlauf die «Quebec» in die Luft flog. Doch auch Du Couëdic ward von zwei Kugeln tödlich am Kopf getroffen. Als ihn die Besatzung von der zerfetzten Kommandobrücke holen wollte, wehrte er ab: «Lasst doch, ich bin ja schon seit zwei Stunden tot!» Man bettete den ruhmvollen Kapitän in der Kirche St-Louis zur letzten Ruhe. Noch einmal erhielt ein Schiff für die im zweiten Weltkrieg beinahe ausradierte, eben im Wiederaufbau sich befindende Stadt schicksalhafte Bedeutung. Es war der norwegische Frachter «Ocean-Liberty», der, mit Ammoniumnitrat beladen, am 28. Juli 1947 in die Luft flog, dabei 26 Menschen tötete, Hunderte verletzte und etwa 5000 Häuser und Notunterkünfte zerstörte.

Bevor wir das grosszügig wiedererstandene Brest mit seinen einladenden Auslagen und den die Strassen schmückenden Blumenkandelabern verlassen, besuchen wir noch das anstelle der völlig zerstörten Kirche St-Louis mit amerikanischer Hilfe erbaute Gotteshaus. Ohne zu versuchen, das unwiederbringlich Dahingegangene nachzuahmen und damit ein Bauwerk von bestenfalls musealem Wert zu schaffen, hat der Architekt einen unwirklich hohen Kirchenraum erstellt, der durch Grösse und Schlichtheit überrascht. Dennoch ist kein irdischer Festsaal entstanden, sondern ein Haus Gottes, das auf der rechten Seite von riesigen Pfeilern abgestützt wird und von dort aus durch eine Front heller, in der Formensprache unserer Zeit bemalter Fenster sein Licht empfängt.

Die «Kirche des Einfältigen»

«Côte des Légendes», Legendenküste, nennen die Bretonen das Gebiet, in dem sich eine ihrer grossartigsten Kirchen erhebt: Le Folgoët. Sie verdankt einer Legende ihre Entstehung. Im 14. Jahrhundert lebte im «Wald des Verrückten», im Fol-goët, ein armer Einfältiger, vom Volke Salaün (= Salomon) ar foll-coat genannt. Die einzigen Worte, die seine Lippen formen konnten, waren jene, mit denen der Engel des Herrn die Mutter Jesu einst grüsste: «O Itroun Guerhez Mari», «Erhabene Jungfrau Maria»! Dieser himmlische Gruss war die Antwort auf alle an ihn gerichteten Fragen. Nach seinem Tode sprosste aus dem Grabe, im Munde des Toten wurzelnd, eine schneeweisse Lilie, deren goldene Staubgefässe so angeordnet waren, dass sie den Gruss «Ave Maria» ergaben. Zugleich entströmte dem geheiligten Boden eine klare Quelle.

Nicht lange, da sprach man von diesem Wunder in der ganzen Bretagne, die damals von den Schrecken des Erbfolgekrieges erschüttert wurde. Der Thronprätendent Montfort versprach, im Falle eines Sieges hier eine Kirche zu erstellen, ein Gelübde, das er nach seinem Siege bei Auray auch erfüllte. So wuchs über dem geweihten Ort jene grossartige Kirche empor, die an einem unverhältnismässig weiten Platz steht. Dennoch ist dieser zu klein, die ungeheure

Menschenmenge zu fassen, die am 8. September hier zu dem berühmten, mit einem Viehmarkt verbundenen Pardon zusammenströmt. Wie beim Strassburger Münster ist nur der linke Turm der 1423 von einem Sohne Montforts vollendeten Kirche ausgebaut, während der andere, mit einem einfachen Dach gekrönte, als Stumpf nur wenig das Kirchenschiff überragt. Die sich dadurch ergebende Asymmetrie, der Goldton der Patina des Granits und der Reichtum der Einzelheiten verleihen dem Gotteshaus, dessen Grösse erst durch den Vergleich mit den Häusern des Dorfes richtig eingeschätzt werden kann, etwas Überwältigendes.

Ursprünglich wölbte sich über das Westportal eine Vorhalle, auf der sich eine Empore für die im Freien stattfindende Messe und Predigt befand. Heute entzückt uns dort ein Tympanon mit der Anbetung der Hirten und Könige, die sich um die in einem Bette liegende Madonna scharen.

Besonders reich ist die Südansicht der Kirche mit der dem geraden Chorabschluss rechtwinklig angefügten Heiligkreuzkapelle gegliedert. Ein hoch aufragender Wimperg über dem Südportal, Fialen, eine Sonnenuhr, Fabeltiere, die unter einer feingemeisselten Galerie kauern, haben die Zerstörungen überdauert, die der Bau im Äussern wie im Innern während der Französischen Revolution über sich ergehen lassen musste. Damals zerschlug der Pöbel alles, was ihm erreichbar war. Weder die Apostelfiguren in der Vorhalle noch der wundervolle, aus hartem rosa Granit gehauene Lettner mit seinen drei Arkaden, den krabbenbesetzten Wimpergen und steinernen Ranken blieben verschont. Man würdigte die Kirche zu einem Lagerschuppen und Pferdestall herab, und sie wäre sicherlich dem Verfall preisgegeben gewesen, wenn nicht zwölf Bauern sie gekauft und aus freien Stücken instand gehalten hätten.

Trotz der Verluste an vielen Kunstwerken blieb dem Kircheninnern noch genug des Schönen: zwei neben dem Lettner stehende Altäre aus dem 15. Jahrhundert und die grosse, feingegliederte Fensterrose, die als mystische Sonne den Glanz der göttlichen

Schöpfung in den Raum hineinspiegelt. Immer noch sprudelt unter dem Hauptaltar die wundertätige Quelle, Sinnbild der Gnadenströme, die von hier ausgehen.

An der Rückwand des Chores unter einem der Mauer eingefügten gotischen Bogen, behütet von einem Muttergottesbild, tritt die «Quelle des Salaün» ins Freie und fliesst als schmales Rinnsal hinaus in die Wiesen.

Man hat in der Nähe des berühmten Wallfahrtsortes, in Lesneven, 3200 in der Bretagne gefallene deutsche Soldaten zur letzten Ruhe gebettet, vielleicht in dem Gedanken daran, dass sie an dieser vielbesuchten Stelle am wenigsten vergessen sind. Denn immer noch pilgern Ungezählte zu dem Gnadenort. Katholische Jugendorganisationen haben ihn zum Mittelpunkt ihres Wirkens ausersehen. Im Jahre 1958 kamen Jugendliche aus Übersee und Europa im Rahmen der Pax-Christi-Bewegung hier zusammen und stellten sich unter den Schutz «Unserer Lieben Frau vom Narren im Wald» = «Itron-Varia-ar-Folgoët».

Die standhafte Herrin von Schloss Kerjean

Der um 1550 durch eine unerwartete Erbschaft reich gewordene Louis Barbier hätte nichts Besseres tun können, als sich für sein Geld in einer besonders anmutigen Gegend ein Schloss zu bauen, das heute noch als Musterbeispiel eines bretonischen Herrensitzes gilt. Hinter Bodilis, dem nördlich Landivisiau liegenden Mittelpunkt der berühmten bretonischen Pferdezucht, biegen wir von der nordwärts ziehenden D 30 vor St-Vougay in eine Allee ein, über der sich die Kronen uralter Bäume zu einer grünen, von Sonnenlicht durch-

Guimiliau: Detail des Südportals, Adam und Eva

flirrten Wölbung zusammenfügen. Wahrlich, eine würdige Empfangshalle zu einem geradezu königlichen Herrensitz, der ein Gegenstück in dem bei Pont-Château gelegenen Wasserschloss La Bretèche besitzt!

Schloss Kerjean verbirgt sich hinter einem zwölf Meter starken, nur von einem zinnenbewehrten Tor durchbrochenen Mauerkranz. Der vorgelagerte Burggraben verstärkt den Eindruck von Unnahbarkeit und Abwehr. Doch kaum haben wir das Tor hinter uns gelassen, wechselt das Bild, und aus der abweisenden Burg ist ein Renaissance-Lustschloss geworden. Mit seinen Giebeln, Kaminen und Türmen wächst es über einer reichgestalteten Eingangsarkade empor, die wir durchschreiten müssen, um in den lichtüberfluteten Schlosshof zu gelangen.

Die mit einem erkerartigen Glockentürmchen geschmückte, dem Hauptbau vorgelagerte Schlosskapelle erreichen wir über eine steile Treppe. Wie in mancher bretonischen Kirche glaubt man in der mit reich geschnitzten Sablieren eingewölbten Decke das Werk eines Schiffsbauers zu sehen.

Sonne liegt auf dem doppelten, wie eine Krone geformten Säulenbaldachin eines Brunnens. Sein Wasser vermochte nicht die Feuersbrunst zu löschen, die ehemals einen Flügel des Schlosses zerstörte. Ein dahinterliegender, etwas verwilderter Garten mit mannshohen blühenden Hortensienbüschen, Palmen und mächtigen Araukarien zaubert uns ein Stück Italien vor.

Kühle weht uns beim Betreten des unversehrten Schlossflügels entgegen. In einer Fensternische birgt der heilige Livertin sein von Kopfweh gequältes Haupt in den Händen und deutet damit an, für welches Leiden er Hilfe bringen kann. Die mit monumentalen Kaminen ausgestattete Küche, altertümliches Mobiliar, reichgeschnitzte bretonische Schränke, Truhen und kastenartige, mit Schiebetüren verschliessbare Betten geben ein anschauliches Bild von dem Leben der einstigen Schlossherren. Die Verzauberung verstärkt sich noch, wie uns der Führer jenen Raum zeigt, der vor

Die grossartige «Kirche des Einfältigen» in Le Folgoët

etwa 300 Jahren Zeuge einer Geschichte war, die dem Decamerone des Boccaccio entstammen könnte:

Ein Nachfahre des Erbauers von Kerjean, René Barbier, der Gemahl von Françoise de Quélen, weilte häufig am Hofe der Maria von Medici. Als ihn die Regentin eines Tages schnippisch fragte, warum er denn seine Frau stets zu Hause lasse, ob sie denn so hässlich oder so leichtfertig sei, dass sie nicht bei Hofe erscheinen könne, empörte sich der in seiner Eitelkeit gekränkte Gatte: «Meine Frau kann es an Schönheit mit jeder Hofdame aufnehmen, und an Treue ist sie sicher allen überlegen!» Vier junge, als charmante Herzensbrecher bekannte Adelige äusserten ihre Zweifel und wetteten, dem hohen Herrn binnen vier Wochen das Gegenteil beweisen zu können. Sie setzten ein Pferd, einen Diamanten, Wein und tausend Taler gegen den ganzen Besitz Barbiers. Ausgestattet mit einem Empfehlungsschreiben an die Schlossherrin, ritten die vier nach Kerjean und wurden dort auf das freundlichste empfangen. Bereits nach einer Woche brachte ein Bote dem überraschten Gatten Françoises Haarband, nach der zweiten die brillantengeschmückte Busennadel, nach einer weiteren eine Haarlocke und nach der vierten sogar – den Ehering.

Das war dem selbstsicheren Barbier zu viel. Schnurstracks jagte er auf seinem Pferde nach Kerjean, wo ihn seine Frau, als sei nichts geschehen, mit gewohnter Zärtlichkeit empfing. Bevor der grollende Gatte Fragen stellen konnte, führte ihn Françoise zu einem Verlies, hinter dessen Gitter die vier Kavaliere wie gefangene Vögel mit hängenden Flügeln sassen. Jeder von ihnen hatte die Schlossherrin um ein Stelldichein gebeten, und jeder hatte von ihr mit verheissungsvollem Augenaufschlag einen Schlüssel zu einem Raum erhalten, in dem sie ihn erwarten wollte. Jedoch der Weg der Kavaliere führte direkt in das Verlies, das, sobald die Türe ins Schloss gefallen war, nur noch von aussen geöffnet werden konnte.

Die reizende Geschichte sprach sich bald in Paris und am Hofe herum, und René Barbier erhielt für die eklatant erwiesene Treue seiner Frau einen Orden und wurde 1618 sogar in den Grafenstand erhoben.

Weniger gut erging es der letzten Schlossherrin von Kerjean, Suzanne de Coatanscour, die sich während der Französischen Revolution in einem heute noch vorhandenen Versteck lange verborgen hielt. Schliesslich wurde sie entdeckt, und das Haupt der siebzigjährigen Frau fiel unter dem Fallbeil.

Fruchtbarer Wettstreit

zwischen St-Thégonnec und Guimiliau

St-Thégonnec und Guimiliau werden fast immer im gleichen Atemzug genannt, besitzen sie doch die wohl typischsten und zugleich prunkvollsten Pfarrbezirke in der an Kirchenbauten wahrlich nicht armen Bretagne. Die beiden südlich Morlaix nahe der Penzé gelegenen Ortschaften traten um das Jahr 1581 in einen seltsamen Wettstreit, der diesmal nicht in einem Waffengang bestand, sondern im Bestreben, mit kirchlichen Bauten den Nachbarn zu übertrumpfen. Es begann damit, dass Guimiliau seinen Kalvarienberg erbaute und gleichzeitig St-Thégonnec seine monumentale Eingangspforte. Durfte St-Thégonnec, der grössere Marktflecken, von dem kleineren Guimiliau sich überbieten lassen? Nein! Mit einem Musterstück von Beinhaus (ossuaire) wollte es seine Überlegenheit beweisen. Und die Kirche! Sie sollte einen Turm bekommen, einen weithin sichtbaren mit einer eleganten Balustrade um die Plattform, aus der die alles überragende Kuppellaterne, umgeben von vier kleineren Ecklaternen, in den Himmel stösst. Guimiliau wusste die Schlappe sofort auszuwetzen, indem es seiner Kirche eine geradezu pompös ausgestattete Portalvorhalle anfügte. Bevor aber noch dieses Werk vollendet war, parierte St-Thégonnec den Schlag mit einem Calvaire, der zwar weniger Figuren als der zu Guimiliau aufwies, dafür aber mit seinen drei Kreuzen das Geschehen auf Golgatha wahrheitsgetreuer wiedergab.

Nach einem kurzen Waffenstillstand hob der friedliche Wettstreit von neuem an. Diesmal liess Guimiliau kein neues Bauwerk erstellen, sondern gab 1675 einen hölzernen Baldachin zur Krönung des Taufbeckens in Auftrag, vor dem das Nachbardorf staunend stehen sollte. Gab es denn irgendwo weit und breit einen solchen Baldachin, der auf acht von Lorbeer und Wein umrankten Säulen ruht? Auf ihm waren die Taufe Jesu, die Heilige Dreifaltigkeit, die Mutter Gottes und Szenen aus dem Leben der Heiligen in geradezu virtuoser Arbeit dargestellt. Von dem Erfolg beflügelt, bestellte man zugleich noch eine dem Taufbecken würdige Kanzel, geschmückt mit den vier Haupttugenden und den vier Sibyllen. Um den Sieg vollständig zu machen, liess man von denselben Meistern noch eine Orgeltribüne errichten.

Inzwischen trat in St-Thégonnec der Gemeindevorstand unter dem Vorsitz des Pfarrers nach altem Brauch in der prunkvollen Vorhalle der Kirche zusammen und beratschlagte, wie man den Vorsprung des Nachbarortes wieder aufholen könne. Im Jahre 1683 bestellte man bei den Brüdern Lérel eine Kanzel, gegen die jene von Guimiliau wie das Werk eines Stümpers wirken musste, gibt es an diesem Meisterwerk doch die Kardinaltugenden, die Evangelisten und die vier grossen Kirchenväter zu bewundern. Hinter dem Kanzelkorb stützen zwei geflügelte Barockengel mit erhobenen Armen den Kanzeldeckel, während auf einem Relief Moses die Gesetzestafeln empfängt. Damit nicht genug! Den Kanzeldeckel zieren Blütenranken, Ornamente und Engelsköpfchen. Lebensfrohe Putten umspielen ihn. Von der Spitze dieses prunkenden Werkes lässt ein himmlischer Herold als Künder des Glaubens seine Siegesfanfare erschallen. Ihr Ton mag die Leute von Guimiliau sehr geschmerzt haben, zumal St-Thégonnec noch für die Krypta seines Beinhauses von Meister Jacques Lepaignol aus Morlaix eine holzgeschnitzte, farbig gefasste Grablegungsszene schaffen liess, mit ausdrucksstarken lebensgrossen Figuren, deren schönste wohl die sich in edler Trauer neigende Magdalena sein dürfte.

Noch einmal raffte sich Guimiliau auf und schmückte seine Kirche mit kunstvoll geschnitzten Beichtstühlen. Dann waren «die Helden müde geworden». Der Krieg, der in diesem Falle nicht zerstörte, sondern die Bretagne mit einmaligen Kostbarkeiten beschenkte, war zu Ende. Auch wir nehmen diese Geschenke dankbar an, wie wir, von Morlaix kommend, in St-Thégonnec ankommen und es erleben, wie jedes Detail an den prunkvollen Kirchenbauten vom Lichte der Abendsonne plastisch herausmodelliert wird. Welches Schloss kann sich rühmen, eine ähnliche dreiteilige Triumphpforte wie dieser Pfarrbezirk zu besitzen? Man denkt an indische Pagoden, steht man vor diesen steinernen Laternen, den mit Kugeln geschmückten Säulen, aufgerichteten, als Schmuck verwendeten Kanonenrohren, Nischen und Gesimsen. Dasselbe Spiel von Licht und Schatten liegt auch auf den kapellenartigen Anbauten der Kirche. Halbsäulen, Rundbogenfenster, Muschelnischen sind der üppige Dekor an dem einzigartigen Beinhaus. Abendlicht vergoldet auch den 1610 errichteten Calvaire, der lediglich Passion und Auferstehung zeigt. Hoch überragt von den drei Kreuzen auf Golgatha zerren rohe Kriegsknechte mit runden Halskrausen und Kniehosen, wie sie hierzulande im 17. Jahrhundert getragen wurden, den Heiland zur Richtstätte. Einer der Schergen hat sich, die Zunge bleckend, auf das Kreuz geschwungen, obwohl er sieht, dass Jesus zusammengebrochen ist. Trauernd steht Veronika abseits und hält verzweifelt das mit Christi Antlitz gezeichnete Schweisstuch in ihren Händen. Eine andere Szene: die Wächter am heiligen Grabe schlafen, während der Erlöser, die Rechte segnend erhoben, auferstanden ist. Bäuerliche Kunst – doch ausdrucksstark wie Barlachs Werke.

Fronleichnam in St-Thégonnec

Wie anders das alles, da wir am nächsten Tag wiederkehren, um in St-Thégonnec die Fronleichnamsprozession zu erleben! Der regenverhangene Himmel hat alle Farben ausgelöscht. Stumpf und schwarz wirkt der Stein, der gestern noch in geheimem Feuer zu glühen schien. Nur der kleine Blumenteppich, ausgebreitet vor einem im Freien stehenden Altar, ist eine bunte Farbeninsel in dem regenschweren Grau. Glocken hallen über den Platz. Alte Frauen in kleidsamer Tracht und Männer eilen zur Kirche. Ein paar Fremde haben sich am Beinhaus, an der Triumphpforte und am Kirchenportal zu Füssen der strengen Statuen der Apostel und St-Thégonnecs postiert.

Wir sichern uns einen der strohgeflochtenen, zum Sitzen und Knien bestimmten Stühle, und schon tritt der Priester zum Altar, eingehüllt in ein schwarzes, mit Silber besticktes Messgewand, gefolgt von fünfzehn Chorknaben, die in ihren weissen, mit roten Litzen abgesetzten Kutten wie kleine Mönche wirken. In monotoner Litanei wird der Toten gedacht, ehe der eigentliche Festgottesdienst beginnt. Wir entrichten unser Stuhlgeld und sind erstaunt, dass kurz darauf noch einmal der Klingelbeutel reihumgeht. Während des von Orgelspiel begleiteten Gottesdienstes bleibt uns die Möglichkeit, die bis zur Decke reichenden, in barockem Überschwang gestalteten Holzaltäre zu bewundern: linker Hand den Rosenkranzaltar, auf dem Maria, auf einer Wolke heranschwebend, umgeben von vierzehn mit den Rosenkranzgeheimnissen geschmückten Medaillons, dem heiligen Dominikus und der heiligen Katharina den Rosenkranz reicht. In einer zweiten Gruppe befreit Christus eine arme Seele aus loderndem Fegfeuer. Ganz irdisch anmutende, pausbäckige Putten, umgeben von Ornamenten, Früchten und Blumenkörben, treiben auf dem gegenüberliegenden Altar ihr heiteres Spiel um ein Weihnachtsbild und eine goldstrahlende Monstranz, auf die Gottvater wohlgefällig niederblickt. Während der kurzen Predigt streift unser Blick den reichen Schmuck der Kanzel und entdeckt hoch droben St-Thégonnec, der aus aufklappbarem Schrein zu einer farbig gefassten Schutzmantelmadonna hinüberschaut. Der oft mit Wagen und Pferd dargestellte Heilige darf stolz darauf sein, was aus dem bescheidenen Kirchlein geworden ist, zu dem er einst selber mit holperndem Karren und einem abgearbeiteten Gaul die Bausteine von weither anfahren musste. Über den Eifer des frommen Mannes erbost, verwandelte sich der Teufel in einen Wolf und riss St-Thégonnecs Pferd. Aber der Heilige, nicht faul, spannte nun den Wolf vor den schweren Karren. So musste der Teufel selber beim Bau der ersten hier entstandenen Kirche mithelfen.

Nach der Wandlung wandern hübsch geflochtene, mit Brotstücken angefüllte Körbe durch die Reihen. Jeder Beter nimmt sich einen Bissen, steckt ihn in die Tasche oder verzehrt ihn gleich und ist damit, ohne die Kommunion zu empfangen, symbolisch Gast am reichgedeckten Tisch des Herrn.

Die Kirche leert sich. Draussen sammeln sich Männer und Frauen zur Prozession. Hinter dem Traghimmel her schreiten die weissgekleideten Chorknaben, ziehen die reichbestickten Fahnen und silbernen Vortragskreuze mit der Prozession hinaus in den regenverhangenen Tag.

Von der schlimmen Katell-Gollet zu Guimiliau

Was hat uns Guimiliau nach einer solchen Fülle noch zu bieten? Man darf hier nicht vergleichen und abwägen, sondern soll sich einfach an der Vielfalt architektonischer Einfälle freuen.

So hockt hier auf der triumphalen Eingangspforte der Kirche ein Türmchen, das, ein wenig aus dem Gleichgewicht geraten, sich nach hinten neigt und damit der feierlichen Architektur etwas von ihrer Strenge nimmt. Unter dem kleinen Turm schaut aus einer Nische St-Miliau, der einstige König von Cornouaille, herab auf alle, die hier eintreten, um den reichen Schmuck der Vorhalle zu bewundern: die links und rechts Wache haltenden Apostelstatuen und vor allem die dreifache, 1607 entstandene Archivoltenreihe. Da bildet Gottvater aus der Rippe Adams mit rührend-naiver Gebärde die paradiesisch nackte Eva. Wie wir auf einem andern Relief sehen, ist sie schon der Versuchung der um einen Baum geringelten Schlange erlegen und kostet von dem Apfel der Erkenntnis.

Im Kircheninnern erwarten uns zwei in der Bretagne hochverehrte Heilige, der blinde St-Herbot mit Führer und Wolf und der Schutzherr der Advokaten, St-Yves, der salomonische Richter, der vorurteilsfrei zwischen dem Armen und dem Reichen steht. Im ganzen Raum steingewordene Musik, in die auch von der Orgeltribüne herab David mit seiner Harfe und die heilige Cäcilie mit einstimmen.

Einmalig in Guimiliau ist die der Kirche angefügte kleeblattförmige Sakristei. Auch der zwischen 1581 und 1588 entstandene Kalvarienberg zeigt durchaus eigene Züge. Über den von Durchlässen durchbrochenen Sockel zieht sich zwischen übereck gestellten Apostelfiguren ein Fries hin mit Szenen aus dem Leben Jesu. Hier wäscht der Herr mit aufgekrempelten Ärmeln Petrus die Füsse, während die übrigen Jünger eifrig mit Schüsseln und Krügen hantieren. Dort reitet Jesus über ein ausgebreitetes Tuch in Jerusalem ein. Maria flieht, den schon recht stattlichen Jesusknaben im Arm, nach Ägypten, begleitet von dem bärtigen St. Joseph, der, auf seinen Stock gestützt, gerade eine Ruhepause eingelegt hat. Im Gegensatz zu diesen mehr beschaulichen Bildern sind die über dem Bilderfries thronenden, durch ihre zeitgenössische Kostümierung kulturhistorisch interessanten Figuren von dramatischem Leben er-

Die grossartige Westfassade der Kathedrale von St-Pol-de-Léon
wirkt wie aus einem Guss

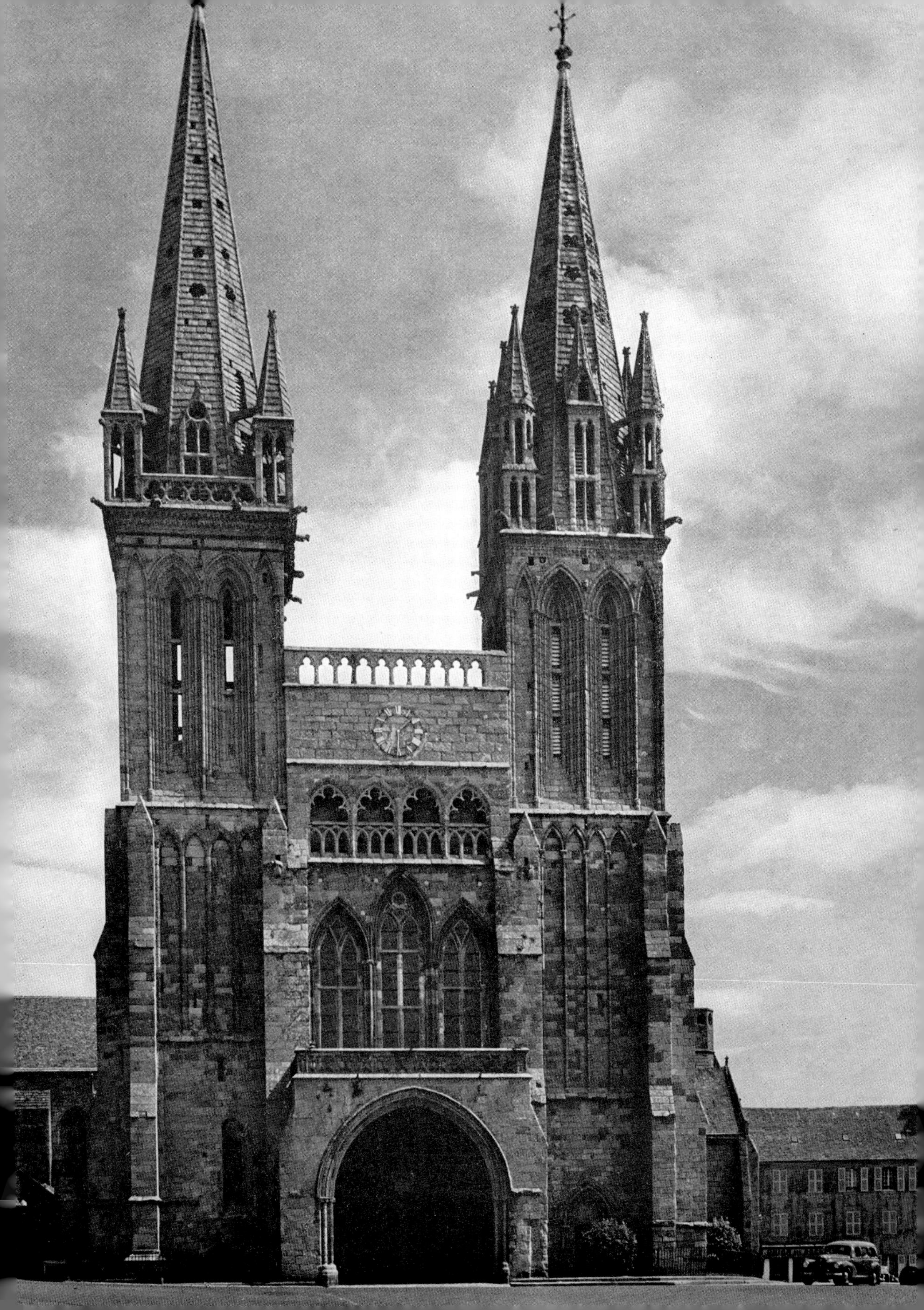

füllt. Die bei der Kreuztragung anwesenden Kriegsknechte, angetan mit Halskrausen, zeigen sich als echte Raufbolde, die pokulieren und froh in ihre Hörner stossen. Zu ihnen passt die Darstellung der «Katell-Gollet», der «verdammten Katharina». Der Legende nach war sie ein liederliches Weibsbild, das seine Sünden im Beichtstuhl verschwieg und ihrem Buhlen, dem Satan, eine geweihte Hostie brachte. Wie wir auf dem Calvaire sehen, ereilte sie dafür die gerechte Strafe. Scheussliche Teufel treiben mit Gabeln das nackte, vollbusige Weib in den weit aufgesperrten Höllenrachen, eine Szene, die dem Pfarrer wohl des öfteren Gelegenheit gegeben haben mag, den jungen Mädchen von Guimiliau abschreckend vor Augen zu halten, welches die Folgen eines leichtfertigen Lebenswandels sein können.

Teufel, Tod und Ritter

Besuchenswerte Stätten zwischen Landerneau und Morlaix

In dem Gotteshaus zu Lampaul, südlich Landivisiau, beherrscht ein dem 16. Jahrhundert entstammendes Triumphkreuz das überraschend helle Kirchenschiff. Links vom Kreuze faltet Maria die Hände, tief in ihren Schmerz versunken, indes der Lieblingsjünger Johannes glaubensvoll zu dem blutüberströmten Heiland emporblickt. Der Balken mit der Kreuzigungsgruppe trägt auf der dem Längsschiff zugewendeten Seite Szenen aus der Passion Christi, auf der Chorseite die zwölf Sibyllen und eine Verkündigungsgruppe. Künstlerisch besonders wertvoll ist die über der Sakristeitüre in der alten Polychromie erstrahlende Pieta von 1533.

Bretonin in malerischer Landestracht

Wie Guimiliau hat auch Lampaul besonderen Wert dem auf gedrehten Säulen ruhenden Baldachin über dem Taufbecken zugemessen, indem es ihn mit einer farbig gefassten Darstellung der Taufe Christi und der zwölf Apostel schmückte.

Das Böse in der Welt versinnbildlichen zwei Teufel auf dem Boden des Weihwasserkessels, wo sie sich voll Abscheu vor dem geweihten Nass in Schmerzen winden.

In Le Martyre hingegen ist Ankou, der Tod, an einem Weihwasserbecken eingemeisselt, mit einem Menschenschädel und einem Pfeil in den Händen. Jeder, der seine Finger in das geweihte Wasser taucht, steht so Aug in Aug dem Knochenmann gegenüber. Welch ein Trost, zur Gottesmutter am Kirchenportal (15. Jahrhundert) aufblicken zu können, die, keusch und rein mit entblösster Brust auf einem flachen Bette liegend, das Jesuskind stillt.

Auch in La Roche-Maurice bedroht der Tod den in die Kirche Eintretenden. Versöhnend aber überströmt das Licht eines riesigen Chorfensters mit der Passion Christi einen figurenreichen hölzernen Lettner. «Je vous tue tous», «Ich töte Euch alle», zischt uns nochmals der Tod nach, wenn wir die Kirche verlassen, um den in der Nähe liegenden imposanten Ruinen des Schlosses La Roche-Maurice einen Besuch abzustatten. Bei den Kämpfen zwischen Anne de Bretagne und ihrem späteren Gatten Karl VIII. wurde der das romantische Tal beherrschende Bau zerstört. Hier soll einer uralten bretonischen Sage nach in heidnischer Vorzeit ein fünf Klafter langer, mit stahlharten Schuppen gepanzerter Drache gehaust haben. Hob der mannshohe Riese seinen scheusslichen Hahnenkopf aus dem Wasser, wusste der Burgherr, dass er wiederum einen seiner Untertanen opfern musste. Zu guter Letzt sollte Ritter Elorn, dessen Name heute der hier vorbeiziehende Fluss trägt, seine Frau und sein Kind dem Ungeheuer zum Frasse vorwerfen. Schon war er bereit, sich selber von den Zinnen der Burg als Opfer in den Fluss zu stürzen, als zwei Ritter erschienen, die sich anerboten, den Drachen zu erlegen, falls Elorn bereit sei, den christlichen Glauben anzunehmen. Nachdem er eingewilligt hatte, zogen die Ritter, mit dem Siegeszeichen des Kreuzes bewaffnet, dem Drachen entgegen. Und siehe da, das Ungeheuer, das ihnen eben noch seinen Feueratem entgegengeschleudert hatte, wurde zahm wie ein Hund, liess sich ein Halsband umlegen und im nahen Meer ertränken, an einer Stelle, die heute den Namen Poulbeunzual trägt.

Im Reiche des Königs Artus

Obwohl die Wolken tief herunterhängen, fliehen wir gerne für einen Tag in die freie Natur und fahren von Morlaix aus über Pleyber-Christ südwärts. Schon steigt über dem eintönigen Land der baumlose, sich kaum 400 Meter hoch erhebende Hügelzug der Monts d'Arrée empor, auf dem seltsame Felsblöcke wie Höcker sitzen. Manchmal taucht aus Nebelschleiern eine Turmspitze auf und wird wieder von dem lastenden Grau verschlungen. Es hat keinen Sinn, den vielgepriesenen Aussichtspunkt Roc Trévezel bei Commana, an dem sich die Wolken stauen, zu besteigen. Über dem Gebirgszug lichtet sich das Gewölk, und silberner Glanz huscht über den See, hinter dem sich das vielbesuchte Huelgoat verbirgt.

Der berühmte Beuroner Malermönch Willibrord Verkade, der hier wichtige Impulse zu seiner Konversion erfuhr, gibt in seinem vielgelesenen Buch «Die Unruhe zu Gott» eine uns etwas zu nüchtern erscheinende Schilderung des Städtchens. «Huelgoat ist ein ansehnlicher Ort, lang ausgedehnt mit weitem Marktplatz. Er liegt eingeengt zwischen einer tiefen Schlucht und einem grossen See, dessen Gewässer sich nahe beim Dorfausgang aus beträchtlicher Höhe brausend herabstürzen, dann, einen Bach bildend, weitereilen und eine Strecke lang unter phantastisch aufeinandergetürmten Granitblöcken verschwinden. Während jenseits der Schlucht hohe waldbedeckte Berge emporragen, wird der See von kahlen, nur mässig emporsteigenden Hügeln eingeschlossen.» Diese Wälder mit schattenden Buchen, knorrigen Eichen, Weisstannen und Fichten, zwischen denen sich in tief eingesägter Schlucht der «Silberfluss» windet, sind Huelgoats Stolz. Auf verschlungenen Spazierwegen erreicht man La Roche Cintrée, mit seinem herrlichen Ausblick auf die nordwärts gelegenen kahlen Riffe der Monts d'Arrée und die im Süden sich hinstreckende Hügelkette der «Montagnes Noires». Wir können zum «Gouffre» wandern, wo der Silberfluss 150 Meter unterirdisch fliesst, oder aber gleich am Ortseingang beim «Heidelbeerkaffee» (Café des Myrtilles) zum «Chaos du Moulin» gelangen. Wir folgen einer Schar buntgekleideter Schülerinnen in das Dämmergrün des Waldes, in dem rundgeschliffene Granitblöcke sich türmen. Gleich den auf dem Leib des riesenhaften Gulliver sich vergnügenden Liliputanern überklettern die Kinder haushohe Felsballen, steigen auf eisernem Steg hinab in das grünumsponnene Felstor der Teufelsgrotte oder lassen sich von einem beredten Führer in der «Ménage de la Vierge», einem Felsgewirr, das eher den Namen «Teufelsküche» verdiente, die Steingebilde deuten, in denen man mit einiger Phantasie allerlei Hausgerät entdecken kann.

Ein wendiger Bursche, der uns sicheren Trittes über glattgeschliffene Felstafeln von der Grösse eines dörflichen Tanzplatzes führt und wie Pan selber über die Spalten und Schründe hüpft, erklärt sich bereit, uns zur «Pierre Tremblante», zum schwingenden Stein, zu führen. Um den zwei Meter hohen und sieben Meter langen Felsbrocken, der einem zu Boden gegangenen Fesselballon gleicht, haben sich Menschen gesammelt, als erwarteten sie ein Schauspiel. Wie viele hundert Tonnen mag dieser Riese wiegen, der da unbeweglich zwischen hohen Bäumen auf dem Moosgrund liegt? Und nun geschieht das Unwahrscheinliche, Verblüffende: Ein schmächtiges Bürschlein, kaum der Schule entwachsen, schiebt sich rücklings unter die vom Boden abstehende Spitze des Kolosses, ja er lehnt sich nur leicht an seine Wölbung, stemmt sich wiegend vom Boden ab und versetzt, ohne eine Miene zu verziehen, mühelos diesen Steingiganten in schaukelnde Bewegung, die stärker und stärker wird und noch anhält, als der Bursche lächelnd beiseite tritt und sich ein wohlbemessenes Trinkgeld zustecken lässt. War es geheimer Zauber, der das Wunder vollbrachte? In diesem Märchenwald läge es nahe, an solche übernatürlichen Kräfte zu glauben. Das Rätsel löst sich, als wir am Steinklotz, dort, wo der Knabe stand, zwei Vertiefungen entdecken, gerade gross genug, sich mit vier Fingern daran festzukrallen und so den auf unsichtbaren Widerlagern ausbalancierten Koloss in Schwingung zu versetzen.

Kein Wunder, dass der Aberglaube solche Wackelsteine als Orakel verwendete. Oft zwangen Männer, die der ehelichen Treue ihrer Frauen nicht sicher waren, die Angetraute, solch einen Stein zu besteigen. Bewegte sich der Block, war die Untreue erwiesen, und der sich betrogen fühlende Gatte quittierte gleich an Ort und Stelle den Ehebruch mit einer gehörigen Tracht Prügel. Auf ähnliche Weise wurde auch festgestellt, ob ein Mädchen noch unberührt war. Manche Dorfschöne mag beschämt von dannen geschlichen sein, wenn der unter ihr wackelnde Stein «bewies», dass sie es mit der Tugend nicht so genau genommen hatte. Begegnet man irgendwo in der Landschaft solchen in Dreiecksform aufgestellten Steinbrocken, braucht man sich, der Überlieferung nach, nur in deren Mitte zu stellen, um der Gunst wundertätiger Feen teilhaftig zu werden.

Im Walde von Huelgoat werden solche Märchen Wirklichkeit. Man gerät in ihren Bannkreis, ohne sich wehren zu können. Ging es nicht so auch dem Zauberer Merlin, der hier der schönen Fee Viviane in die feingesponnenen Netze ging? Er, der im Walde von Brocéliande als bretonischer Orpheus Herr der Eichhörnchen, Füchse, Rehe und der Vögel war, liess sich gerne von der Fee, die ihm die Zauberkünste abgelauscht hatte, in eine Hecke bannen, aus der manchmal noch, dem Amselgesang gleich, sein Lachen tönt. Er soll lange Zeit auch Beschützer und Helfer von König Artus gewesen sein.

Der Sage nach hatte dieser im Wald von Paimpont (Brocéliande) sein Reich, nach anderer Überlieferung in den Wäldern von Huelgoat, wo eine von wucherndem Grün umsponnene Höhle sich Artusgrotte nennt. Um zu ihr zu gelangen, folgen wir ein Stück weit dem vom Silberfluss durchrauschten Waldtal und biegen dann bei der Einmündung eines zweiten, im Mare aux Sangliers entspringenden Baches links ab. Wir haben Glück, dass niemand bei der Grotte unsere Andacht stört und wir, eingesponnen vom Sange der Vögel und flirrendem Licht, mit dem ritterlichsten aller Könige Zwiesprache halten können. In Britannien stand seine Wiege, die Bretagne wurde ihm zur Heimat. Im fernen Norden erwarb er sich Waffenruhm, eroberte Irland, Norwegen und Gallien und besiegte die Briten. Im Kampfe tödlich verwundet, wurde er auf eine geheimnisvolle Insel entführt, von wo er dereinst wiederkehren wird, um zu neuen Kriegstaten auszuziehen.

Der altfranzösische Versepiker Chrétien de Troyes bemächtigte sich dieses Stoffes in seinem «Perceval», eine Quelle, aus der Wolfram von Eschenbach, Gottfried von Strassburg, Hartmann von Aue ebenso schöpften wie Richard Wagner. Bei Chrétien de Troyes wird aus Artus der untadelige König, der zwölf Ritter um sich scharte, die sich durch Tugend und Tapferkeit die Aufnahme in die Tafelrunde verdient hatten. Am runden Tisch, wo es kein Oben und Unten gibt, kannte man keine Rangunterschiede. So waren auch die weniger bekannten Helden einem Erek, Iwein und Lanzelot durchaus ebenbürtig.

Stets aufs neue wurden die Ritter ausgesandt, den Gral zu suchen, ein Gefäss, das auf wunderbare Weise Speise spendete. Aus ihm wurde in christlicher Zeit der Kelch, aus dem Jesus beim letzten Abendmahle trank. Joseph von Arimathia fing in ihm das Blut des Gekreuzigten auf, dann brachte er den Kelch in die Bretagne, wo er abhanden kam. Finden und gewinnen wird ihn nur ein Ritter reinen Herzens: Parzival!

Als wir nach Huelgoat zurückkehren, dunkelt es schon. Das Silber des Sees hat sich in stumpfes Blei verwandelt. Aus dem dichten Wald hören wir bald fern, bald nah, das seltsame Lachen des Zauberers Merlin.

Zwei Königinnen besuchten Morlaix

Mit der Erinnerung an Morlaix verbindet sich unwillkürlich das Bild eines riesigen Viaduktes, der in einer Höhe von 59 Metern ein tiefes Tal mitsamt den hingeduckten Häusern, den Kirchen und engen Strassen überspannt, ja sogar das schmale Hafenbecken, das man allerdings in letzter Zeit, wohl um für die in die Talschlucht eingezwängte Stadt ein wenig Raum zu gewinnen, ein Stück weit zugeschüttet hat.

Trotz der Eleganz der hohen Bogen, die an die Aquädukte der Römer erinnern, verstärkt diese Eisenbahnbrücke den Eindruck des Eingeschlossenseins, wenn man die belebten Strassen der 15 000 Einwohner zählenden Stadt durchschlendert. Unwillkürlich tastet man die Möglichkeiten ab, dem Talkessel zu entrinnen. Doch überall stellen sich uns steile Hänge entgegen, ob wir zum Bahnhof hinaufsteigen oder zu der im Flamboyantstil erbauten Kirche Ste-Melaine oder Richtung «Notre-Dame-des-Fontaines» emporklimmen wollen. So begnügen wir uns damit, ein Stück weit den Ufern der hier sich vereinigenden Flüsse Jarlot und Queffleuth zu folgen, die Rue Ange-de-Guernisac mit ihren vielen alten Häusern zu durchwandern, da und dort eine seltsame Skulptur zu entdecken und in der ehemaligen Kirche des Dominikanerklosters die schöne Rosette im Rayonnantstil zu bewundern. Wir blicken in der malerischen Grande-Rue in alte, dunkle Lädchen und erreichen schliesslich hinter den Markthallen an der Rue du Mur, deren Name auf alte Befestigungsanlagen hinweist, das Glanzstück von Morlaix, das Haus der Anne de Bretagne. Seine drei in Fachwerk sich vorkragenden Etagen werden abgestützt von Konsolen, die mit Heiligenfiguren und Grotesken geschmückt sind. Geschnitzte Fensterrahmen legen sich um heimelige Butzenscheiben. Überraschend der überdachte Innenhof und eine reich skulptierte Holztreppe, die sich um eine mit Heiligenfiguren geschmückte Holzsäule windet und zu den um den «Lichthof» gruppierten Zimmern emporführt. Solche Häuser waren früher in dem durch seine bedeutenden Pferdemärkte, seine Werften, Schiffe und den im 18. Jahrhundert aufkommenden Tabakhandel wohlhabend gewordenen Morlaix keine Seltenheit.

Diesen Reichtum stellten die Bürger selbstherrlich unter Beweis, als die geliebte Landesherrin Anne de Bretagne im Jahre 1505 einkehrte, um von hier aus eine Dankwallfahrt für die Genesung ihres Gatten, König Ludwigs XII., aus schwerer Krankheit nach Le Folgoët zu machen. Zur Begrüssung überreichte man dem hohen Gast einen kostbaren lebenden Stammbaum des Herzogsgeschlechtes, ein kleines, aus Gold gefertigtes und mit Edelsteinen besetztes Schiff und obendrein einen mit einem Diamanthalsband geschmückten zahmen Hermelin. Obwohl der Königin dieses in ihrem Wappen prangende Tierchen hätte vertraut sein sollen, war ihr nicht ganz geheuer, als man ihr die zappelnde, flinke «Bestie» in den Arm legte.

Noch eine zweite Königin besuchte die selbstbewusste Stadt: Maria Stuart. Sie feierte hier, noch nicht sechs Jahre alt, ihre Verlobung mit dem französischen Dauphin und späteren König Franz II.

Gerne erinnert sich die Stadt dieser Besuche. Sie ist stolz darauf, von den Römern gegründet worden zu sein, die an dem «Mons

Gigantischer Felskoloss bei Trégastel an der Küste des rosenfarbigen Granits

relaxus» = Morlaix sich ansiedelten, und ebenso darauf, dass sie einmal Residenz der bretonischen Herzöge sein durfte.

Mit blutigen Lettern ist in das Buch der Geschichte von Morlaix ein Überfall der englischen Flotte im Jahre 1522 geschrieben.

Nachdem die Engländer durch einen Spion in Erfahrung gebracht hatten, dass die Adligen und Bürger von Morlaix ausserhalb der Mauern weilten, fuhren sie heimlich durch den Fjord des Dossen bis zur Stadt. Ein Teil der Angreifer, als Händler und Bauern verkleidet, schlich sich ein und öffnete die Tore. Doch während die Soldaten sich an Speise und Trank gütlich taten, kamen die Bürger zurück. Sie stürzten sich auf die trunkenen Eindringlinge und schlugen sie in die Flucht. Durch diesen Überfall gewitzigt, legte die Stadt vor den «Strom von Morlaix» ein sicheres «Schloss», das Château du Taureau, eine Art Fort, dessen reizvolle Lage nicht vermuten lässt, dass es von Ludwig XIV. zum Staatsgefängnis umgewandelt wurde. Ihm gegenüber träumt der vielbesuchte Badeort Carantec von jenen Tagen, als der aus Irland stammende heilige Carantec von der Halbinsel Cornwall auf einem Stein den Ritt über das Meer wagte.

St-Pol-de-Léon, die Stadt der Kunst

Das Vorbild für viele bretonische Kirchtürme, der berühmte Kreisker, weist uns gleich einem Leuchtturm schon lange vor St-Pol-de-Léon den Weg. Und tatsächlich diente der Kreisker während der Französischen Revolution einmal als Leuchtturm. Nur dadurch, dass man ihn einem nützlichen Zweck zuführte, blieb er vor der Zerstörung bewahrt. Höher und höher scheint dieses Urbild eines

Gelassen schaut St-Guirec von seinem Oratorium aus auf die anrollende Flut bei Ploumanac'h

Turmes über dem Gewinkel der Gassen und Dächer emporzuwachsen, um selbst die zwei grossartigen Türme der Kathedrale weit hinter sich zurückzulassen. Er überflügelt alles mit einer spielerischen Eleganz, die zu ergründen trotz eingehenden Studiums der Einzelheiten schwerfällt. Sind es die hohen gotischen Fenster im Mittelteil des Giganten, ist es der spitzenhafte Schmuck an den vorkragenden Brüstungen oder die Turmkrone aus mehrstöckigen Flankentürmchen und dem sich aus ihnen erhebenden Haupthelm? Vielleicht sind es gar nicht diese bezaubernden Einzelheiten, sondern das Massverhältnis, in dem sie zueinander stehen. Mag man auch die Türme von St-Pierre in Caen als Vorbilder heranziehen; dem Meister, der den Kreisker schuf, gelang das Einmalige: Mass und Form so glücklich miteinander zu verbinden, dass das Musterbeispiel eines bretonischen Turmes entstand, ein geglückter Wurf, an dem man ebensowenig zu verbessern vermag wie an der harmonisch abgewogenen Form einer Stradivarigeige. Der Vergleich mag kühn erscheinen; aber hier wie dort ward Form Musik, hier wie dort wäre eine Änderung nicht möglich ohne Störung einer grossartigen, feinen Harmonie.

Unwillkürlich glaubt man, dieser Turm müsste einer ebenso gekonnten und grossartigen Kirche entwachsen. Weit gefehlt! Das zum Kreisker gehörende Gotteshaus ist eher Kapelle als Kirche. Das einzige, was den Innenraum interessant macht, sind die wuchtigen Säulenbündel und die Unregelmässigkeiten des Grundrisses – für das 14. Jahrhundert, in dem man streng symmetrisch baute, etwas Erstaunliches; dies mag damals ebenso als «Bruch mit dem Herkömmlichen» gewirkt haben wie heute etwa die Kirche von Ronchamp.

Auf dem weiten Platz im Süden der Kapelle steht ein seltsamer vierschaliger Brunnen. Während das unterste Becken nur durch die Grösse wirkt, zeigt das nächste fächerartig nach oben sich ausbreitende Kannelierungen, die einen Gegensatz zu den blattartigen Ornamenten des dritten Beckens bilden.

Wir wandern die Rue Général Leclerc empor, vorbei an einem alten Granithaus, das ein Geschäft beherbergt. Aber anstatt neonbeleuchtete Allerwelts-Schaufenster dem Gebäude einzufügen, weiss der Kaufmann durch die geschnitzten Holzrahmen der alten Fenster und eine über dem Eingang hinter Glas stehende Muttergottesstatue den Blick auf sein Haus zu ziehen. Noch grossartiger stellt sich uns das 1535 ganz aus rohbehauenen Granitsteinen erbaute Präbendenhaus entgegen und schaut mit dem an burgundische Erker erinnernden «Lugaus» der Strasse entlang.

Die Zwillingstürme der Kathedrale blicken auf das Getriebe eines Marktes. Die mit Zeltplanen gedeckten Stände verstellen ein wenig die Sicht auf die Kirche. Dafür aber dürfen wir an dem Kommen und Gehen teilnehmen, an dem üblichen Feilschen und Handeln, das in dem Lande der Artischocken und des Blumenkohls nicht anders ist als sonstwo. Da und dort steht noch einer der zweirädrigen Karren, deren Räder fast Mannshöhe erreichen. Die Pferde sind an den in das Pflaster eingelassenen Ringen festgebunden und wehren mit dem Schweif den zudringlichen Fliegen.

Obwohl die grossartige Westfassade der einstigen Bischofskirche sich von jeder sklavischen Symmetrie fernhält, wirkt sie doch wie aus einem Guss. Man muss schon genau hinsehen, um festzustellen, dass die Steinspitzen der 55 Meter hohen Türme leicht voneinander abweichen. Sie haben das breite Portal, eine Balustrade, von der aus der bischöfliche Segen gespendet wurde, drei hohe gotische Fenster und vier zierliche Arkaden mit einer Uhr in ihre Mitte genommen. Das sich unter einem der Türme neben dem Hauptportal öffnende schmale Pförtchen, «porche des lépreux» geheissen, führt in eine Nebenkapelle, von der aus die mit ansteckender Krankheit Behafteten ehemals dem Gottesdienst folgen konnten.

Im Gegensatz zur Strenge der Westfassade ziert eine grosse, im 15. Jahrhundert erbaute Fensterrose, ein Gegenstück zu den prunkvollen Querschiffrosen von Notre-Dame zu Paris, das Südquerschiff; sie wirft ihr magisches Licht in das Kircheninnere. Auf der über der Rose gelegenen Galerie unter dem in der Mitte sich befindenden Baldachin sprach ehemals der Bischof die Exkommunikationen aus. Seit dem 6. Jahrhundert, als St-Pol (Paulus Aurelianus) aus England kam, walteten bis zur Französischen Revolution hier Bischöfe ihres Amtes. Sie erbauten sich den repräsentativen, heute als Rathaus dienenden Palast, der sich im Norden an das Gotteshaus anschliesst.

Das Kircheninnere mit den Arkaden, dem Triforium, Laufgang, Obergaden und dem zum Teil verdoppelten Umgang ist einer Kathedrale würdig. Wir tauchen die Finger in ein Weihwasserbecken, das in frühchristlicher Zeit als Sarkophag diente. Grabdenkmäler, eines prunkvoller als das andere, zieren die Wände. Der schönste Schmuck jedoch ist das Chorgestühl von 1512 mit seiner verwirrenden Fülle figürlicher Darstellungen. Beim Umwandern der Chorschranken entdecken wir an ihrer linken Seite in den Nischen nistkastengrosse Gehäuse. Fast jedes zeigt an seiner Giebelseite einen herzförmigen Ausschnitt und eine Inschrift mit dem Hinweis, wessen Schädel hier aufbewahrt wird – ein seltsamer, vornehmen Bürgern vorbehaltener Beerdigungsbrauch, der sich bis in die jüngste Vergangenheit erhalten hat.

Aber noch nicht genug des Eigenartigen. Aus dem 1745 erstellten Hauptaltar wächst ein Palmbaum empor und neigt seine mit einem glockenartigen Gebilde geschmückte Krone nieder. Wie uns der gerade diensttuende Mesner erläutert, knüpft diese Palme mit ihrer «dienenden Gebärde» an den Palmbaum bei der Flucht nach Ägypten an. Zu unserem Erstaunen öffnet der Mesner den Stamm, zieht an einer darin verborgenen Kette und lässt aus der niedergebeugten Palmkrone langsam das Ziborium (ein Gefäss, das in einer Pyxis die heilige Hostie birgt) herabsinken, das nach Gebrauch wieder auf ebenso geheimnisvolle Weise verschwindet.

Blick in den Zaubergarten des Meeres

Für das fünf Kilometer nördlich von St-Pol-de-Léon gelegene Roscoff haben wir einen halben Tag vorgesehen. Gleich bei den ersten Häusern des durch seinen Hummer- und Langustenfang und als Umschlagplatz für Gemüse berühmten Ortes macht uns ein kleines Schild auf einen nahe dem Bahnhof stehenden Feigenbaum aufmerksam.

Ein Feigenbaum hier oben im Norden? Ja, und was für einer! Aus dem kleinen Bäumchen, das um 1625 die Kapuzinermönche pflanzten, ist inzwischen ein Riese geworden, der sein abgestütztes Astwerk über eine Fläche von 600 Quadratmetern breitet und der in manchen Jahren bis zu 400 kg Feigen trägt.

Die Strassenränder sind eingefasst mit lila Blüten, denen des Sauerklees ähnlich, die aus jeder Ritze des Rinnsteines leuchten. Die Blumengirlande geleitet uns zu der Kirche Notre-Dame-de-Kroaz-Baz, die ihren verspielten Turm über die Gipfel alter Bäume und ein mit gedrungenen Fensterarkaden geschmücktes Beinhaus erhebt. Unwillkürlich denkt man bei der Spitze dieses Kirchturmes an eine indische Pagode oder entfernt auch an den früher bei Militärmusiken üblichen Schellenbaum. Ist es nicht, als begänne dieses schwerelose, durchsichtige, mit Türmchen besetzte Gebilde im Winde wie ein Glockenspiel zu läuten? Schiffe mit geblähten Segeln und Kanonen, roh aus dem Granit gehauen, zieren die Aussenwände der Kirche. Diese Embleme sind Kennzeichen der Korsaren und Kaufleute, die hier friedlich nebeneinander hausten. Im Innern des Gotteshauses verdient das neben dem Eingang hinter Glas stehende Hochrelief aus Alabaster mit Szenen aus dem Leben Jesu besondere Beachtung: Verkündigung, Anbetung, Auferstehung, und vor allem fällt uns die eigenartig dargestellte Himmelfahrt auf, bei der nur die Füsse des entschwebenden Heilands noch zu sehen sind.

Von seltener Geschlossenheit ist die der Kirche gegenüberliegende Häuserreihe. Das schräg einfallende Licht zaubert an einem granitenen Renaissance-Giebel seltsam skulptierte Konsolen und gotische Spitzbogen hervor. Es umspielt die Lukarnen, deren mittlere als Renaissance-Erker ausgebildet ist, und lässt ein drachenähnliches Fabelwesen plastisch hervortreten. Ein paar Schritte weiter macht uns ein Schild auf einen mit Arkaden geschmückten Innenhof aufmerksam, in dem die fünfjährige Maria Stuart einst gespielt haben soll. Sie landete am 13. August 1548 nahe bei dem Rundtürmchen, das vor Anlegung des neuen Hafens an einer Häuserecke wie ein Schwalbennest direkt über dem Wasser hing. Die anmutige Königstochter, der es bestimmt war, einmal Franz II. zu heiraten und damit Königin von Frankreich zu werden, ahnte damals noch nichts von ihrem furchtbaren Schicksal.

Vergebens klopfen wir an das heute verschlossene Hoftor. Enttäuscht wandern wir weiter zum Hafen, schauen dem Verladen von Austernkisten und Säcken zu, aus deren Löchern kleine schwarze Muscheln, Bigorneaux geheissen, quellen. Vor einem Lagerschuppen hängen Fischer ihre Netze zum Trocknen auf. In viele Gassen leckt das Meer herein. Auf abschüssiger Rampe kann man zwischen altersgrauen Häusern hindurch mit dem Pferdekarren direkt in das Wasser fahren. Zur Stunde hat es sich weit zurückgezogen, so dass wir einsammeln können, was es bei Flut anspülte: Muscheln und Müschelchen aller Art, zackige und runde, braune, grüne, gelbe, geringelte, wie aus der Spielzeugkiste eines Kindes. Manche sehen aus wie spitze Hüte. Wie wir sie von den Steinen lösen wollen, saugen sie sich ruckartig so fest, dass sie mit aller Kraft nicht von der Unterlage gerissen werden können. Winzige Muscheln, silbergrauen Glasperlen gleichend, überziehen Stufen und Gemäuer mit einer dicken unablösbaren Kruste. Eine leere Langustenschale liegt auf dem Strand und spricht von Tod und Verwesung.

Sammlerwut hat uns ergriffen, und erst als die Taschen randvoll gefüllt sind, lösen wir uns schweren Herzens vom Strand. Ein

Motorboot möchte uns zu der nahen, von Klippen umsäumten Ile de Batz, dem Paradies des Frühgemüses, bringen. Obwohl der Bootsmann darauf hinweist, dass dort Kaiserin Farah Diba besonders gern geweilt habe, können wir uns zu der Überfahrt nicht entschliessen, reizt es uns doch mehr, der biologischen Versuchsstation von Roscoff, die der Universität von Paris untersteht, einen Besuch abzustatten oder, besser gesagt, dem angegliederten Aquarium Charles Pérez. Der Entschluss fällt uns um so leichter, als der Himmel sich regendrohend überzieht und die lila Blüten am Wegrand ihre geöffneten Schirmchen wie auf Kommando zusammenfalten.

In mannshohen von innen erleuchteten Schaubecken des Aquariums offenbaren sich uns die Wunder des Meeres. Zwischen grünwogenden Algenwäldern stehen regungslos wie Orchideenblüten buntfarbige Fische. Matter Glanz von Edelsteinen blinkt auf im Wirbelspiel der Flossen. Gläsernklare Schuppenleiber scheinen von innen her durchglüht, während sie schwerelos durch das Wasser gleiten. Ein Schwarm durchsichtiger, spannenlanger Aale formiert sich beim Auf-und-ab-Schwimmen auf geheimen Befehl zu einem gitterartigen Muster, das immerfort seine Form ändert.

Perlmutterfarbene Schnecken schieben träge ihr Hörnerhaus über feinen Sand. Hier schützt ein Einsiedlerkrebs seinen weichen, spiralig gekrümmten Hinterleib mit dem Panzer eines leeren Schneckenhauses. Ein anderer trägt auf seiner Schneckenschale den roten Turm einer Seerose, die ihn mit ihren Nesselorganen vor Feinden schützen soll, und die er zum Dank dafür an seinen Mahlzeiten teilnehmen lässt. Ein Becken scheint leer. Da hebt sich plötzlich vom gelblichen Sand eine ebenso gefärbte papierdünne Seezunge oder Scholle, spreitet ihre Flossen, streckt ihre Teleskopaugen hervor und segelt gewandt wie ein fliegender Teppich durch das Wasser. Ein paar Augenblicke, dann hat sie sich, unsichtbar geworden, wieder dem Sand vermählt.

Seesterne kleben wie Rauhreifgebilde an den Scheiben, Seepferdchen treiben ihr Spiel. Ein seltsames Tier, die Meerspinne, holt sich mit schwer gepanzerten Armen und den Bewegungen eines Roboters ihre Beute. Der drachengleiche Teufelsfisch droht mit tödlichen Giftstacheln. Ungezählt die fremden Namen, ungezählt die Tiere, an denen ein Hieronymus Bosch seine Studien gemacht haben könnte. Hier starrt uns ein Satansgesicht an, wie wir es an den Calvaires eingemeisselt fanden, dort schiesst aus einer wie eine Puderdose geformten Muschel plötzlich eine zartrosa gefärbte Zunge und verschwindet wieder. Oft scheinen Tiere gleich Blumen zu blühen, und was uns als leuchtende Blüte erscheint, ist ein Tier. Während ein Fisch über den grauen Grund seltsamer Schwammkorallen hingleitet, lässt ein Schlag der Feuerflossen das Wasser mit dem Glanz von Gold, Perlen und Smaragd durchzittern.

Ein Widerschein aus Meerestiefen ist hinter fingerdickes Glas gebannt, eine Welt unendlich fern gerückt und doch unseren Sinnen und Händen greifbar nahe.

Die vorromanische Krypta von Lanmeur

Man sieht es der 1905 eingeweihten Kirche von Lanmeur nicht an, dass sich unter ihr eine der ältesten und merkwürdigsten Krypten des ganzen Landes wölbt. In dieser im Jahre 580 fertiggestellten Gruft wurde der im Volke heute noch hochverehrte St-Mélar beigesetzt.

Sichtbar ruhte Gottes Hand über dem heiligmässig lebenden Königssohn aus dem Gebiet von Léon. Rivod, sein Oheim, sah in ihm einen Rivalen, den er vergeblich durch Gift zu beseitigen suchte. Gedungene Mörder weigerten sich, den sanften Jüngling zu töten. So liess Rivod dem Neffen, um ihn für immer unschädlich

Kreuzgang der Kathedrale St-Tugdual in Tréguier

zu machen, die rechte Hand und den linken Fuss abschlagen, damit er nie mehr ein Schwert führen und ein Pferd besteigen könne. Doch Gottes Gnade liess alsbald die furchtbaren Wunden heilen und die abgehackten Gliedmassen nachwachsen. Schliesslich fiel der Heilige doch einem Mordanschlag zum Opfer. Man wollte ihn bei Lannion im Grabe seiner Eltern beisetzen, jedoch zwei weisse Pferde führten den Leichnam nach Lanmeur, wo er beerdigt wurde.

Man kann aus der Bauweise der Krypta, vor allem aus ihren kleinen Fenstern, schliessen, dass ein Teil ehemals über der Erde lag. Heute steigt man auf ausgetretener Steintreppe hinunter in die Gruft, die man wegen Einsturzgefahr nur mit Führer betreten darf. Der archaisch anmutende fünf Meter lange vorromanische Raum wird durch zwei Reihen walzenförmiger Säulen unterteilt. Die am Eingang stehenden besonders mächtigen Pfeiler sind mit einem bizarren Ornament bedeckt, mit ineinandergeschlungenen Körpern von Schlangen, in denen man ein Hindu-Symbol zu erkennen glaubt. Andere sehen in dem seltsamen Geflecht wuchernde Stiele und Äste mit Blattansätzen und Früchten an den Enden. Seltsam wie diese Verzierung ist auch die bei dem Nordtor unterirdisch entspringende, als Druidenheiligtum gedeutete Quelle, die nur für kurze Augenblicke erscheint und geheimnisvoll spurlos wieder verschwindet.

Fast mit Lanmeur zusammengewachsen, birgt auch das nahe Kernitron eine kaum bekannte, dem 12. Jahrhundert entstammende, von alten Bäumen umschattete Kirche. Ihr edles, von einem schmucklosen Tympanon überragtes Tor lässt ahnen, dass dahinter ein rein romanisches Schiff und Querhaus sich emporwölben.

Kathedrale St-Tugdual in Tréguier:
Grabmal St-Yves', des gerechten Richters

Lannion und sein Hinterland

Nur wenige Städte der Bretagne können mit so vielen alten Häusern eigenen Gepräges aufwarten wie das stufenartig über dem Léguer aufsteigende Lannion. Durch diesen Fluss, der zur Zeit der Flut mächtig anschwillt, hat die Stadt einen natürlichen Zugang zu dem nur acht Kilometer weit entfernten Meer.

Gleich bei der Léguer-Brücke grüsst den Fremden das Kloster der «Dames de St-Augustin» in bretonischem Renaissancestil. Noch origineller sind die Bauten, die in der Oberstadt die Place du Centre säumen, so ein spitzgiebliges Haus, dem links und rechts vorgebaute, mit dunkeln Schieferplatten bekleidete zweistöckige Erker etwas Burgenartiges verleihen, oder jener andere malerische Fachwerkbau, «Maison du Chapelier». Trotz der sengenden Hitze, die über der Stadt liegt, lassen wir es uns nicht nehmen, durch die Rue de la Trinité nach Brélévenez zu wandern und von dort als richtige Büsser, Schritt für Schritt, die 142 Stufen einer von malerischen Häusern umsäumten Treppe hinauf zu der dem 12. Jahrhundert entstammenden Templerkirche und der ihr vorgelagerten Terrasse zu pilgern. Von dort schweift der Blick über die Stadt und ihr malerisches Hinterland.

Im Nordwesten von Lannion finden wir in dem über der Mündung des Léguer gelegenen Dorf Le Yaudet eine schlichte Kirche mit einem von werdenden Müttern verehrten Gnadenbild: die Muttergottes, von Spitzen und feiner Wäsche umhüllt, im Wochenbett.

Reicher noch an Kostbarkeiten ist das südlich von Lannion sich erstreckende Waldtal des Léguer mit einer Reihe von Kirchen und ehemaligen Adelssitzen. Die langsam zerbröckelnden Mauern von Schloss Coat-Frec sind ebenso sehenswert wie die vom Grün eingesponnene mächtige Ruine des von Richelieu zerstörten Schlosses Tonquédec, die, das Tal beherrschend, sich hinter einem Teich erhebt.

Wie diese Burg, so bietet auch das elegante, von Gärten in französischem Stil umgebene Schloss von Kergrist von seiner Terrasse aus einen bezaubernden Blick auf das grüne Gewoge der Bäume. Inmitten dieses Burgenkranzes träumt die Kapelle von Kerfons. Sie birgt in ihrem Innern einen der schönsten holzgeschnitzten Lettner des Landes. Seine kunstvoll gedrechselten und mit Blattwerk umwundenen Säulen, das zarte gotische Masswerk der Zwischenfelder und die entzückenden Konsolfigürchen gelten, wie auch der reich geschnitzte Kanzelaufgang, als Meisterwerke bretonischer Schnitzkunst.

Am Schlusse unserer Rundfahrt erwartet uns in dem bei Plouaret gelegenen Vieux Marché die Siebenschläferkapelle mit den Figuren jener Heiligen, die während der Christenverfolgung im Jahre 250 unter Kaiser Decius in eine Grotte bei Ephesus eingemauert wurden und nach einem 175 Jahre dauernden Schlaf ungealtert in eine inzwischen völlig verwandelte Welt zurückkehrten. Nicht allein die bäuerlich-primitiven Darstellungen der Siebenschläfer machen dieses Gotteshaus sehenswürdig, vielmehr die Tatsache, dass es auf einem als Krypta dienenden Dolmen steht. Welch eigenartige Verknüpfungen ergeben sich von der prähistorischen Grabstätte zur christlichen Gruft und weiter zur Höhle von Ephesus! Ist es nicht merkwürdig, dass gerade in dieser Dolmenkapelle orientalische Heilige verehrt werden und hier ein Treffpunkt entstand, wo Gläubige der Ost- und Westkirche nach altem Brauch an dem Ende Juli stattfindenden Pardon zu gemeinsamem Gebet zusammenfinden?

An der Küste des rosenfarbigen Granits

Der Finger des Meerwinds
schreibt in den Dünensand
«Vergänglichkeit».
Leere Muschelschalen
raunen Tod,
und in umbrandeten Riffen
hängt noch der Schrei
Gestrandeter.

M. R.

Der Küstenstrich, der sich nördlich Lannion über Trébeurden bis nach Perros-Guirec an der Corniche Bretonne hinzieht, verdiente es, zu Fuss umwandert zu werden. Nur so ist es möglich, zu erfassen, was die Natur auf einer Strecke von kaum 20 Kilometern Länge an Schönheit angehäuft hat: eine üppige Vegetation, weissschimmernden Sand, smaragdgrünes Meer und eine Art Granit, der von rötlichem Schimmer überhaucht ist. Smaragdgrün und Rosenrot, kontrastierende Farben, von denen jede die andere intensiver leuchten lässt. So wird die Wanderung an dem Küstenstrich zu einem Fest der Augen!

Ob wir von Trébeurden aus zu der Landzunge von Le Castel hinaufsteigen, welche die beiden Strandufer von Postermen und Tresmeur trennt, ob wir den neuen Weg von Pors-Mabo zur Pointe de Bihit wandern – auf Schritt und Tritt bieten sich Ausblicke auf das Meer, das mit schaumgekrönten Wogen anrollt und die dem Ufer vorgelagerten Inseln Grande, Molène und Milliau umspült. An klaren Tagen sieht man sogar bis zur Ile de Batz bei Roscoff hinüber. Kein Wunder, dass die Urbewohner des Landes ihren

Fürsten hier Dolmen errichteten und überdies den mächtigen Menhir von St-Duzec, den ein einheimischer Steinmetz 1674 mit christlichen Symbolen verzierte.

Der kleine Kurort Trégastel, der durch eine 800 Meter lange, von Villen und Hotels gesäumte Avenue mit dem Strand Coz-Pors verbunden ist, weiss mit neuen Reizen zu locken. Hier beginnt bereits die Region der Felsen von der Farbe des Blutes und der Glut der Rosen. Die Geologen sprechen ganz sachlich von Konglomeraten aus Quarz, Glimmer und Feldspat. Der zu Kaolin umgeformte Feldspat wurde allmählich von dem anstürmenden Meer zernagt und die Blöcke zu phantastischen Gebilden umgeformt.

Was besagt schon diese nüchterne Erklärung gegenüber den Felskolossen, welche die Halbinsel bei dem Fischerdorf Ploumanac'h bevölkern? Ja, diese Steine sind Lebewesen, dem Ozean entstiegene Ungeheuer, plattköpfige Saurier, die sich in der Sonne lagern, Schildkröten, Walfische, die kühn ausbalanciert auf felsiger Unterlage liegen. Dort steht die «Schildwache» und hält Ordnung in dem steinernen Chaos, unweit davon liegt drohend der «Torpedo», und der «Widder» setzt zum Sprunge an. Selbst dem grossen Korsen hat die Natur in dem «Chapeau Napoléon» ein Denkmal gesetzt. Von einer kleinen Anhöhe blickt der Kaiser hinüber zu dem Märchenschloss von Costraëres, in welchem der polnische Schriftsteller Henryk Sienkiewicz seinen erfolgreichen Roman «Quo vadis» niederschrieb. Auch an der Pointe du Squewel glühen abends, wie von innerem Feuer erleuchtet, die vom Volke «Teufelsschloss» genannten Felsen auf.

Der heilige Guirec, dem man auf einem Felsen ein von romanischen Säulen abgestütztes Oratorium erbaute, kann sich an der Farbenpracht dieser Bucht nicht sattsehen. Vergebens haben die bei der Flut anrollenden Wogen versucht, sein reizvolles Kapellchen zu zerstören. Gelassen steht der Heilige, der «Patron des jeunes filles à marier», ein Heiratspatron also, in seiner Nische und liess es sich lange Zeit gefallen, dass ihm die heiratslustigen Mädchen mit

Nadeln die Nase zerstachen. Schliesslich hatte man Erbarmen mit der grausam zerstochenen Figur und barg sie in der kleinen Kapelle über der Bucht. Sie ist eines der ungezählten ringsum liegenden Gotteshäuser, von denen kein Reiseführer berichtet, die aber gerade deshalb besondere Entdeckerfreuden versprechen.

«Königin der Granitküste» nennt sich das ein wenig südlich auf siebzig Meter hoher Felsenhalbinsel gelegene Perros-Guirec. Von dem an der Bucht von Perros gelegenen Hafen steigt man direkt zum Marktflecken empor, an dessen romanischer Kirche ähnliche, diesmal von Menschenhand geformte Ungeheuer drohen, wie sie uns drunten am Strand von Ploumanac'h begegneten. An einem der Kapitäle des Seitenportals besteht König Artus einen schweren Kampf. Im Innern lauern an den mehrfach gekröpften Arkadenbögen archaische Darstellungen. Diese interessante Kirche wird noch übertroffen von jener anderen, Notre-Dame-de-la-Clarté, bretonisch Itron Varia Skaedler, die von sanfter Anhöhe weithin über das Meer grüsst. Am 15. August ist sie Mittelpunkt eines berühmten Pardons. Dann wird die Muttergottes angefleht, den kranken Augen Klarheit zu schenken, den inneren wie auch den äusseren. Erst dann vermögen sie die Fülle der ringsum ausgebreiteten irdischen Schönheit ganz zu erfassen. Die Legende erzählt, ein reicher Mann habe sich mit seinem Schiff im dichten Nebel verfahren und gelobt, dort, wo er Land erblicke, eine Kirche zu stiften. Heute steht ein Gotteshaus an dieser Stelle, dessen spitzenbehelmter, von Widerlagern abgestützter Turm den Seeleuten zur Orientierung dient. Das Äussere dieser aus rosa Granit erbauten Kirche glüht im Abendlicht geradezu mystisch auf. Als Tympanon steht über dem Eingang das oft auf bretonischen Möbeln als Schmuck wiederkehrende Halbrad mit weissem Speichenmasswerk. Ein Fries mit Szenen aus dem Marienleben läuft darüber hin. Ein von zwei Wappenreliefs flankiertes Fenster durchbricht die Giebelwand, aus der eine Marienfigur den Eintretenden grüsst. Noch immer stellen fromme Hände auf den mit seltsamen gotischen Schriftzeichen geschmückten Altar geweihte Kerzen, und schwielige Bauernpranken tauchen in das mit Groteskköpfen geschmückte, abgegriffene Weihwasserbecken.

Hier muss ein dem Modernen zugetaner Pfarrer seines Amtes walten, gab er doch dem in Perros lebenden symbolistischen Maler Maurice Denis den Auftrag, für die Kirche einen eindrucksvollen Kreuzweg zu schaffen.

Das Lichtwunder von Tréguier

Noch eine letzte Biegung der sich durch die Häuserzeilen von Tréguier windenden N 786, und wir stehen auf der Place du Martray! Weggesunken scheinen die den Marktplatz umgebenden Häuser vor dem gewaltigen Bau der Kathedrale Saint-Tugdual, die mit dem Zeigefinger des einen ausgebauten Turmes empordeutet. Weit lässt dieser den anderen mit romanischen Rundbogen gezierten und von einem Treppenturm flankierten älteren Bruder hinter sich zurück.

Die Sage berichtet: Als dem Bischof von Tréguier die Mittel zum Ausbau des gotischen Turmhelms ausgegangen waren, anerbot sich ein Fremder, den Bau unter der Bedingung zu vollenden, dass ihm dafür die Seelen jener gehören sollten, die am Sonntag nach der Fertigstellung des Turmes zwischen Hochamt und Vesper sterben würden. Obwohl der Bischof ahnte, dass er es mit dem Teufel höchstpersönlich zu tun hatte, ging er auf den Handel ein. Als das Werk vollbracht war, freute sich Satan bereits auf den ihm versprochenen Lohn. Ungeduldig wartete er auf das Ende der ungewöhnlich lange dauernden Messe. Doch er traute seinen Augen nicht und noch weniger seinen Ohren, als der Bischof dem «Ite missa est» ohne abzusetzen den ersten Psalm der Vesper anfügte: «Dixit Dominus...» Nun merkte der Teufel, dass er an einen Schlaueren geraten war, und zog wutschnaubend ab.

Wir betreten die Kirche durch das Seitenportal, dessen filigranzartes Masswerk von einer schlanken Mittelsäule getragen wird, und stehen in einem Raum, der weniger durch seine Grösse als durch seine Harmonie überwältigt, noch mehr aber durch ein Farbwunder, das den Chor in ein zart hingehauchtes Grün hüllt, das Langhaus mit warmem Goldockerton übergiesst, die Seitenschiffe mit Rosa- und Violettönen umspielt und sie dabei unmerklich voneinander abgrenzt. Erst bei näherem Zusehen erklärt sich uns dieses Farbenspiel. Der im 13. Jahrhundert begonnenen und im 14. Jahrhundert vollendeten Kirche fehlen die sonst üblichen bunten Fenster fast völlig. Dafür hat man dem Bauwerk einfarbige, doch verschieden getönte Fenster eingesetzt. Das Licht verklärt die aus Säulenbündeln bestehenden Stützen der Arkaden, den auf romanischen Einfluss hindeutenden Obergaden, das wertvolle Gestühl von 1508 und den aus dem 13. Jahrhundert stammenden, in der dritten nördlichen Kapelle hängenden Kruzifixus. Es umspielt die schlanken Gewölbe des hohen, im 15. Jahrhundert vollendeten Chores und entrückt die dort oben schwebenden Engel mit ihren flatternden Spruchbändern allem Irdischen. Selbst die neugotische Nachbildung des während der Französischen Revolution zerstörten Grabmals St-Yves' wirkt, in das flutende Licht getaucht, nicht störend. In einem anderen, künstlerisch ebenso wertvollen wie originellen Bildwerk ist der auf dem Herrensitz Kermartin in Minihy bei Tréguier geborene Heilige in der üblichen Weise, zwischen dem Reichen und dem Armen stehend, dargestellt. Der Ruhm dieses «gerechten Richters» verdunkelt sogar jenen des heiligen Tugdual, eines Verwandten von König Artus, der, von den britischen Inseln kommend, 545 Tréguier gründete.

Ein Sohn dieser ehemaligen Bischofsstadt brachte es als Gelehrter und Dichter zu hohem Ruhm: Ernest Renan setzte in

St-Pol-de-Léon: Der berühmte Kreisker, Vorbild für viele bretonische Kirchtürme

Rundgang auf dem Mauerring von St-Malo

seinem unvergleichlichen Erinnerungsbuch «Souvenirs d'enfance et de jeunesse» nicht nur seiner Vaterstadt, sondern der ganzen Bretagne ein unvergängliches Denkmal.

Lassen wir das Erlebnis Tréguier in dem hinter der Kathedrale sich öffnenden Kreuzgang ausklingen. Hohe, von einer Mittelsäule abgestützte gotische Fenster umziehen in feierlicher Prozession den grünen Teppich des Klostergartens. Das schräg einfallende Sonnenlicht zaubert noch einmal das Auf und Ab der Bogen und das Kleeblattmuster der Oberlichter als klargezeichnetes Schattenbild auf die steinernen Fliesen. Langsam wandern Schatten und Licht dem Wandelgang entlang.

Dann und wann leuchtet einer der vielen hier aufgestellten Epitaphien mit den hingelagerten Gestalten in der hellen Sonne auf, um bald darauf, wie es das Los auch der Grossen dieser Welt ist, von den ziehenden Schatten wieder verhüllt zu werden.

Das «Märchenbuch» von Plougrescant

Die auf einer von ungezählten Riffen umgebenen Halbinsel nahe Tréguier liegende, dem heiligen Gonéry geweihte Kapelle von Plougrescant – welche Überraschung! Mit ihren fast fensterlosen, abgestuften Granitmauern ragt sie wie eine Felsbastion aus dem von drei rohen Steinkreuzen behüteten enclos paroissial empor. Aus dem steilen Satteldach schiebt sich, stark nach rechts geneigt, der Sockel des Dachreiters hervor. Um diese wahrscheinlich ungewollte Neigung wieder auszugleichen, setzte man die steinerne, mit Wasserspeiern und Ecktürmchen geschmückte Spitze so auf, dass ihr mit Krabben besetzter Helm nach links abgewinkelt ist. Es scheint zweifelhaft, dass ein Blitz dem Turm diese kuriose Form gegeben haben soll; wahrscheinlicher ist, dass man, ähnlich wie beim schiefen Turm zu Pisa, die beim Bau eingetretene Neigung wieder auszugleichen suchte. Man hat diese in ihren Anfängen bis ins 9. Jahrhundert zurückreichende Kapelle im 14. und 15. Jahrhundert dem sturmerprobten heiligen Gonéry geweiht.

In ihr finden wir – in der sonst fast bilderfeindlichen Bretagne eine Seltenheit! – eine auf die hölzerne Kielbogendecke naiv gemalte Schöpfungsgeschichte. Alles, was die Bilder des malenden Zöllners Rousseau so anziehend macht, das Märchenhafte und vegetativ Wuchernde, ist in diesen Bildern vorweggenommen. Ein Märchenbuch mit orientalisch anmutenden Bildern wird da vor uns aufgeschlagen. Aus sattrotem Hintergrund, geschmückt mit flimmernden Sternen, tritt der mit einem Heiligenschein geschmückte Christus vor seine Schöpfung. Ein soeben geschaffener Vogel entgleitet seiner ausgestreckten Rechten und gesellt sich den anderen Vögeln zu, die mit weiten Schwingen und seltsam gebogenen Hälsen das Strahlenhaupt Christi umschweben. Ein Löwe mit menschlichem Antlitz steht friedlich bei einem Ziegenbock und schaut uns aus menschlichen Augen rätselhaft an. Die Fische des Meeres sind herangeschwommen und heben ihre Köpfe aus dem Wasser, als wollten sie dem Worte des Herrn lauschen. Urmutter Eva ist naiverweise mit langem Hemd angetan, und auch Adam weiss nichts von paradiesischer Nacktheit. So werden sie aus dem durch ein stilisiert gemaltes, mit Früchten geziertes Bäumchen angedeuteten Paradies vertrieben. Ein von Sternenglanz umgebener Engel braust zu den Ureltern herab, die sich aus Scham in dichtes Blattwerk gehüllt haben. Schon deuten Spaten und Rocken auf das von Last und Mühe erfüllte Leben hin, das die Armen von nun an erwartet.

Perspektive kannte jener unbekannte Meister noch nicht. So lässt er uns von oben auf den schiefstehenden Abendmahlstisch schauen, von dem merkwürdigerweise Kannen und Teller nicht herunterfallen. Um so grösser ist die Freude des Malers am Fremdartigen, wie es sich in den Kostümen, den Spitzhüten und Turbanen, aber auch in den ikonenhaft gestalteten Apostelfiguren ausdrückt.

Fast könnte man über diesem Bilderzyklus den kostbaren Kredenzschrank übersehen, der, von einem durchbrochenen Baldachin überwölbt, im Querschiff der Kirche steht.

Die hohe Verehrung, die St-Gonéry hierzulande geniesst, wird erst recht deutlich, wenn im Frühjahr eine Schiffsprozession zur Insel Loaven hinüberfährt, wo die Grabkapelle der heiligen Eliboubane steht, die dem heiligen Gonéry das Leben schenkte. Es ist ein Brauch voll mystischer Beziehungen, wenn die sterblichen Überreste des frommen Mannes zur Mutter hinübergetragen werden und so die beiden wieder für einen Tag vereint sind.

Vom Hafen der «Islandfischer» nach St-Brieuc

Paimpol, heute ein etwas verschlafener Hafenplatz, zehrt noch von jenen Tagen, als die durch Pierre Lotis Roman «Pêcheurs d'Islande» berühmt gewordenen Fischer von hier aus auf zerbrechlichen Schiffen in See stachen, um in den Gewässern bei Island und Neufundland dem Kabeljaufang nachzugehen. Heutzutage sind die Fischer, anstatt sich für grosse Fahrt zu rüsten, bereit, die Touristen an der aussichtsreichen Pointe de l'Arcouest vorbei zur schönsten Insel der nordbretonischen Küste überzusetzen, zu der mit roten Porphyrfelsen umgebenen «Ile de Bréhat». Noch steht in der Altstadt Paimpols an der Place du Martray das aus dem 16. Jahrhundert stammende Haus, zu dem der Dichter Pierre Loti hinunterstieg und das für ihn zum Wohnsitz Gauds, der Romanheldin der «Islandfischer», wurde. Ein zweiter Schriftsteller, nach dem eine Strasse genannt wird, Théodore Botrel, mehrte mit seiner «Paimpolaise» noch den Ruhm der kleinen Stadt.

Von ihr aus führt in der Nähe der langsam zerfallenden Ruine der Abteikirche von Beauport die Strasse südwärts über Lanloup, in dessen Nähe im 5. Jahrhundert St-Brieuc und die ersten Auswanderer aus Grossbritannien landeten.

Von Lanloup aus nehmen wir die D 94, um das landeinwärts gelegene Kirchenkleinod von Kermaria-an-Isquit zu besuchen, das «maison de Marie, qui conserve et rend la santé», das «Haus der Muttergottes, der Bewahrerin und Wiederbringerin der Gesundheit».

Auf die einstige Bedeutung dieses Wallfahrtsortes weist der im Obergeschoss des Südportals gelegene Gerichtssaal hin, von dessen äusserer Galerie aus die Urteile verkündet wurden.

Im Innern der fünfmal im Laufe der Jahrhunderte erweiterten Kirche sollte wohl der berühmte, 1460 entstandene Totentanz die mit den Krankheiten des Leibes und der Seele behafteten Pilger an die Vergänglichkeit alles Irdischen erinnern. Der gespenstische, silhouettenhaft nur in hellen und dunkeln Farben gehaltene Fries, bestehend aus 47 Personen, zeigt den Tod, der sich arm und reich, Kaiser, König, Papst, Bischof und Mönch, Ritter, Bauer, Wucherer und Bettler, den Verliebten und den Feldmarschall in seinen Reigen holt und in makabrem Tanz über die Kirchenwand führt. Wie trostvoll, sich hernach bei den vielen Heiligen Beistand holen zu können, die, ein wenig steif und ungelenk gestaltet, an den Wänden stehen: der etwas beleibt geratene St. Michael, der heilige Eligius, der sich mit Hammer und Pferdefuss ausweist, Nicodemus mit Christi Dornenkrone und zuletzt die bäuerliche Gottesmutter, die versucht, dem schon zum kräftigen Knaben herangewachsenen Jesuskind die Brust zu reichen.

Die kleinen Villen des südlich gelegenen Plouha verbergen sich hinter gepflegten Gärten. St-Quai-Portrieux mit seinem modernen, weithin über einen einladenden Badestrand und das anbrandende

Meer blickenden Casino wetteifert mit den Badeorten Etables und Binic, die bereits in den Bannkreis von St-Brieuc, dem Verwaltungszentrum des Departements Côtes-du-Nord gehören.

Man denkt an die Lage von Bern oder Fribourg, sieht man St-Brieuc über der Schlucht Gouëdic und dem tiefen Tal des Gouet thronen, die beide von kühn gebauten Brücken überspannt werden. Eine natürliche Festung ist diese Stadt, zu der auch die wehrhafte Kathedrale St-Etienne gut passt. Zwei mit Schiessscharten und Pechnasen armierte Festungstürme haben die fast schmucklose, nur von dem weiten Portal durchbrochene Kirchenfassade in ihre Mitte genommen. Seit dem 13. Jahrhundert hat fast jede Stilart dem Bauwerk etwas beigesteuert, so dass die Kirche trotz einigen bemerkenswerten Einzelheiten uneinheitlich wirkt.

Wie von den Zinnen einer riesigen Burg geniesst man von den die Stadt umziehenden Promenadenwegen eine herrliche Aussicht weithin über das Land, dem unter anderem auch der berühmte Dichter Villiers de l'Isle-Adam entstammt.

Das Gestüt von Lamballe

Überragt von der Kirche Notre-Dame-de-Grande-Puissance steigt das Städtchen Lamballe hügelan. Das in normannischem Spitzbogenstil erbaute Gotteshaus blickt weithin über das Tal des Guessan, ja sogar bis zum fernen Meer. Wie eine Krone steht die Kirche über der Unterstadt und der dort gelegenen Martinskirche. Sie geht auf die Zeit zurück, da Lamballe noch Hauptstadt des Herzogtums Penthièvre war. Während der ligistischen Wirren wurde der befestigte Ort 1591 durch den berühmten kalvinistischen Befehlshaber La Nouë, mit dem Übernamen «Bras de Fer», belagert. Wie Götz von Berlichingen trug auch er anstelle eines verlorenen Armes eine eiserne Prothese. Als La Nouë während der Belagerung von einer Leiter aus den Kampfhandlungen folgte, tötete ihn die Kugel einer Hakenbüchse. Heinrich IV. soll bei der Nachricht vom Heimgang dieses wackeren Soldaten in seinem Schmerz gerufen haben: «Schade, dass eine so kleine Festung einen so grossen Mann töten konnte. Er allein war mehr wert als eine ganze Armee.»

Eine Prinzessin von Lamballe gewann das Herz der unglückseligen Königin Marie Antoinette, mit der sie während der Französischen Revolution das Schicksal teilte. Bei dem Gemetzel im September 1792 wurde sie von dem Pariser Pöbel auf offener Strasse hingeschlachtet.

Heute ist Lamballe berühmt durch sein Gestüt. Täglich werden die 350 hier aufgezogenen Hengste «bewegt», sei es, dass sie geritten oder im Tandemzug, einer vor dem andern, zu zweien oder vieren vor einen Wagen gespannt werden. Wenn die Tiere sich nicht gerade auf ihrem fünfmonatigen Weideurlaub befinden, sind sie für jeden in Lamballe einkehrenden Pferdefreund ein besonderer Anziehungspunkt.

Neben Lamballe verdient das südwestlich von Plancoët gelegene Château de La Hunaudaye einen Besuch. Immer noch verraten die meterdicken, geborstenen Mauern und Türme die einstige Stärke der jetzt in Trümmern liegenden Burg. Noch lässt im zerstörten Renaissance-Wohntrakt eine Wendeltreppe die vergangene Pracht ahnen, die im Jahre 1505 Anne de Bretagne anlässlich eines prunkvollen Empfanges schauen durfte.

Wer Zeit genug hat, wird von Lamballe aus das südlich gelegene, malerische, von Mauerresten umgürtete Zwergstädtchen Moncontour aufsuchen, dort die mit einem Renaissance-Turm gekrönte Kirche St-Mathurin ansehen und dann in der nahen Kapelle Notre-Dame-du-Haut die seltsamen Statuen der sechs «heiligen Heilenden» auf sich wirken lassen.

Adliges Dinan

Eine Stadt, «so stolz auf ihre Zinnen, wie es eine junge Frau glücklich macht, alten Ahnenschmuck zu tragen», sagt Jules Janin von Dinan. Kommen wir von Rennes oder St-Malo, sehen wir die altertümliche Stadt 75 Meter über dem tiefeingeschnittenen Tal der Rance thronen und hinunterblicken auf den modernen 40 Meter hohen Viadukt, auf die flussabwärts gelegene gotische Brücke und die spielzeugkleinen Motorschiffe, die bei Flut die Gäste zwischen anmutigen Ufern nach St-Malo und Dinard tragen. Von der alten Brücke aus müsste man die Stadt sich erobern, anstatt sich fast ohne Übergang vom neuzeitlichen Viadukt mitten in ihr Herz führen zu lassen. Welch ein Erlebnis, die aus Quadern gefügte «Porte du Jerzual» zu durchschreiten und dann bedächtig die gleichnamige Strasse hinaufzuwandern, vorbei an auskragenden Fachwerkbauten mit ihren herausgestellten Steintreppchen.

So hat man bereits die richtige Einstimmung für die am Platz «de l'Apport» wachehaltenden Häuser. Die kleinen, zu ebener Erde liegenden Lädchen haben sich von der belebten Strasse um ein paar Meter zurückgezogen und geniessen dafür den Schutz der dadurch entstandenen Laubengänge. 400 Jahre alte, auf zerschrammten Steinsockeln stehende Holzpfeiler stemmen ihre Arme unter das Gebälk, das da und dort sich unter der Last der Jahre durchzubiegen beginnt. Es duftet nach Früchten, Kaffee und Gewürzen unter diesen Arkaden, die immer wieder neue interessante Durchblicke gewähren. Vor dem Fachwerkgiebel eines alten Gasthauses sollte man bei einem Aperitif verweilen, bevor man zu dem ehemaligen Kloster «des Cordeliers» wandert, das sein unter eine zierliche Galerie gestelltes Tor weit offen hält, um uns zu dem gotischen Kreuzgang einzulassen. Er entstammt wohl derselben Zeit, in der man die danebenliegende Kirche St-Malo im Flamboyantstil erbaute.

Die zweite Kirche, St-Sauveur, die den gleichnamigen Platz mit ihrer barocken Turmspitze beherrscht, hält uns wie ein grossartiges Antependium ihre romanische, von archaischen Löwen bewachte Fassade entgegen. Über drei tiefgestaffelten, von schlanken Säulen flankierten Nischen drohen Fratzen und geflügelte Ungeheuer herab.

In der asymmetrisch gebauten Kirche, in welcher das Herz des Nationalhelden Du Guesclin beigesetzt ist, finden wir einen Kenotaphen aus dem 15. Jahrhundert und einen dem 12. Jahrhundert entstammenden Weihwasserkessel aus schwarzem Granit mit eingehauenen Fischen. Wir geniessen in dem zwischen Kirche und der alten Stadtmauer sich hinziehenden Englischen Garten die wohltuende Stille und wenden uns zur Rue de Léhon, aus deren Enge ein mit Skulpturen geschmücktes Fachwerkhaus und der Uhrturm, ein Belfried mit einer von Schieferplättchen umkleideten Spitze, sich erheben.

Am Ende dieser Strasse gebietet die Porte St-Louis Halt und heisst uns zum Schloss hinübergehen. Sein mächtiges, hoch über die Stadtmauer ragendes Oval trägt als einzigen Schmuck einen Kranz von Pechnasen, die, Blendarkaden gleichend, sich als ziselierter Stirnreif um das Haupt des Giganten legen. In seinem Schutz fühlt sich die Stadt ebenso geborgen wie die Palme, die in einer Nische zwischen Mauer und Brücke ihre im Winde vibrierenden Fächer entfaltet. Man kann vom Schloss aus über die ausserhalb der Stadtmauer sich hinziehende Promenade «des Petits Fossés» den Platz Duclos erreichen und dort das alte «Hôtel Beaumanoir» bewundern oder auf dem weiten Platz «Du Guesclin» sich ein wenig in die Geschichte der Stadt versenken. Hier hat der Kronfeldmarschall für Dinan einen entscheidenden Sieg erfochten, nicht etwa durch seine Truppen, sondern durch persönliche Tapferkeit. Im Jahre 1359 lagerte ein englisches Heer vor der Stadt. Du Guesclins Bruder Olivier, der Verteidiger Dinans, hatte nach mehreren unglücklich verlaufenen Gefechten einen kurzen Waffenstillstand ausgehandelt, nach dessen Ablauf er die Stadt übergeben wollte, falls sie nicht

Aus dem Märchenbuch von Plougrescant: Die Kapelle St-Gonéry

Auf der folgenden Doppelseite: Die mächtige Grenzfeste Vitré

ADAM
EVE

entsetzt werden konnte. Entgegen dem Abkommen wurde der vertrauensselige Olivier von den Engländern gefangengesetzt. Du Guesclin forderte auf dem heute noch Champ-Clos benannten Platz den wortbrüchigen Cantorbéry zum Zweikampf heraus. Während des zu Pferde ausgetragenen Streites entfällt dem Engländer das Schwert. Du Guesclin springt vom Ross, rafft die Waffe auf, wirft sie weitab, schlitzt dem Tier des Gegners den Bauch auf, stürzt sich auf den aus dem Sattel Geworfenen, packt ihn am Helm und will ihm die Kehle durchschneiden; doch der Besiegte bittet um Gnade, und der Sieger gibt ihn gegen ein hohes Lösegeld und Auslieferung der Waffen edelmütig frei.

Durch diese Heldentat gewann die Stadt ihre Freiheit, Du Guesclin selber aber das Herz der schönen und klugen Dinaneserin Tiphaine Raguenel, mit welcher der rauhe Krieger eine überaus glückliche Ehe führte. Dessen eingedenk bestimmte er, dass sein Herz nach seinem Tode hier ruhen sollte; jedoch der Körper des Helden, der durch seinen Mut ein «Fürst» geworden war, durfte zu St-Denis bei den Königen Frankreichs ruhen.

Stolze Korsarenstadt St-Malo

Die schweren Zerstörungen im letzten Weltkrieg haben es nicht vermocht, der alten Korsarenstadt St-Malo ihr eigenes Gepräge zu nehmen. Wenn die «Ville Close», mauerumgürtet, von Bastionen geschützt, zur Zeit der Flut unmittelbar dem Wasser entsteigt, gleicht St-Malo, der Stapelplatz für Waren aus aller Welt, noch heute einer unbezwingbaren Festung.

Grau in grau ist diese Stadt. Kaum ein Tupfen Grün hat zwischen den engen Gassen und den hohen, festungsartigen Häusern

Naive Deckenmalerei in der Kapelle St-Gonéry, Plougrescant

Platz, die ganz eng zusammenrücken, wie ein sich einigender Heerhaufen. Grau die steilen, dunkeln Schieferdächer mit dem düsteren Wald ungezählter Schornsteine, grau auch die Mauern der Häuser, ebenso die gewaltigen, im 13. und 14. Jahrhundert entstandenen, von Vauban erweiterten und verbesserten Befestigungsanlagen, und grau auch das an der Brücke zum Festland errichtete Schloss der bretonischen Herzöge. Mit seinen nach aussen wie auch nach innen gerichteten Befestigungsanlagen war es eine Zwingfeste und zugleich eine zum Schutz der Stadt erstellte Burg, an der Anne de Bretagne den bezeichnenden Spruch anbringen liess: «Quic-en-groigne ainsi sera, car tel est mon bon plaisir» (Möge auch jemand meckern, so wird es sein; denn das ist unser gnädigster Wille). Dem Grau der Ville Close steht gegenüber das Smaragdgrün des Meeres, das Gelb des Strandes und das Braun, Rostrot und Moosgrün der Felsen und Riffe, die wie die Rückenflossen riesiger Seeungeheuer auftauchen und vom gischtenden Wasser der haushohen Flut wieder überschwemmt werden. Ein Kranz von Felseninseln, auf denen die Menschen ihre Forts und Bunker erbauten, machte die Stadt zu einer natürlichen Seefeste. Wehe den Schiffen, die versuchten, die Sperren der unter Wasser liegenden Klippen zu überwinden, die es wagten, zwischen den geschützstarrenden Befestigungsanlagen hindurchzufahren und die hier ankernden Piratenschiffe in den ungezählten Buchten und Schlupfwinkeln aufzustöbern.

Kühnheit der Korsaren

Darf man die tollkühnen Korsaren Seeräuber nennen, nachdem sie Ludwig XIV. selbst mit Beglaubigungsschreiben ausstattete, die es ihnen erlaubten, Kriegsschiffe anzugreifen und Handelsschiffe zu erbeuten, ohne deswegen als Piraten angesehen oder gar bestraft zu werden? Im 16. und 17. Jahrhundert, ja selbst noch zu Napoleons Zeiten, fügten diese Seehelden den Briten grösseren Schaden zu als die gesamte französische Kriegsflotte. Kein Wunder, dass die Engländer 1693, als sie mit einer starken Flotte vor St-Malo ankerten, mit einer Höllenmaschine das Piratennest in die Luft zu sprengen versuchten. Sie schickten mitten in der Nacht eine alte, schwarz getarnte, mit Pulver, Bomben und Kanonenkugeln vollgepfropfte Fregatte gegen die Stadt. Doch das Schiff lief bereits 400 Meter vor den Befestigungsanlagen auf Grund. In aller Eile entzündete die Besatzung die Lunten und entfloh. Eine furchtbare Explosion zerriss das nächtliche Dunkel. Doch sie konnte bei der grossen Entfernung den Wällen und Mauern keinen ernstlichen Schaden zufügen.

Nach wie vor kehrten die Piraten mit gekaperten Schiffen in die Stadtrepublik zurück. Dann duftete es im Hafen tagelang nach Vanille, Kakao, Zimt, Muskat und Sandelholz. Auf den Molen stapelten sich Zucker, Indigo, Safran und Tabak. Nur ungern trennten sich die Kapitäne von einem Teil der Beute, den sie vertragsgemäss dem König abzuliefern hatten. Dann galt es, die verbliebenen Kisten mit Silberbarren und die Säcke mit Goldstaub an einen sicheren Ort zu verbringen.

Einer dieser Freibeuter, der 1673 in St-Malo geborene Duguay-Trouin, wurde zu einer beinahe legendären Gestalt. Mit 18 Jahren hatte er es bereits zum Korvettenkapitän gebracht. Als er nach einem unglücklichen Seegefecht gegen die Engländer in deren Gefangenschaft geriet, wusste er mit Hilfe der Tochter des Kerkermeisters die Freiheit wiederzugewinnen. Nach abenteuerlicher Flucht nahm er alsbald seine Raubzüge zwischen Portugal und Spitzbergen wieder auf. Während des Spanischen Erbfolgekrieges startete er im Jahre 1711 mit 17 Schiffen und 7000 Mann Besatzung zu einer Expedition nach Brasilien, dessen Hauptstadt Rio de Janeiro er eroberte. 1731 gelang es ihm, die gefürchteten tunesischen Seeräuber zu züchtigen. Ludwig XIV., für den diese Kaperfahrten ein einträgliches Geschäft waren, verlieh dem kampferprobten Manne wegen seiner Verdienste den Adelstitel.

100 Jahre später wurde Robert Surcouf zum gefeierten und gefürchteten Seehelden. Von ihm weiss man, dass er mit seinem Schiff mit Vorliebe bei schwerem Sturm auslief, wenn die englischen Blockadeschiffe ihre Häfen nicht zu verlassen wagten. Mit einer Korvette, bestückt mit 18 Kanonen und einer Besatzung von nur 150 Mann, enterte er dreimal so grosse Schiffe. Als er seine Raubzüge in den Indischen Ozean verlegte, wollte niemand mehr für die in jene Zonen fahrenden Schiffe die Versicherung übernehmen. Es nützte nichts, dass man auf seinen Kopf eine Prämie von 250 000 francs aussetzte. Seiner Erfolge wegen zum Baron de l'Empire ernannt, nahm er bereits mit 28 Jahren seinen Abschied, um sich ganz der Seeräuberei widmen zu können. Seine letzte Ruhmestat vollbrachte er, als nach dem Sturz des Korsen die Alliierten das Land besetzt hielten. In einem Café zu St-Malo geriet er mit preussischen Offizieren in Streit. Draussen am Strand kam es zu einem erregenden Duell, bei welchem Surcouf als Meister des Einzelkampfes elf seiner Gegner niederstreckte. Den zwölften, ein blutjunges Bürschlein, schickte er mit folgenden Worten zurück: «Wie gut, dass einer noch bei euch zu Hause erzählen kann, wie wacker sich ein Soldat Napoleons schlägt.»

Vorstoss in die «Neue Welt»

Aus St-Malo stammte auch Le Gentil de la Barbinais, der als erster Franzose im 17. Jahrhundert die Welt umschiffte, ebenso Jacques Cartier. Sein Lebenslauf ist nicht minder interessant als der von Duguay-Trouin. Im Jahre 1534 machte er sich auf, um an der Küste von Labrador nach Gold zu suchen. Statt das begehrte Metall zu finden, entdeckte er die riesige Mündung des St.-Lorenz-Stromes, den er für einen Fluss in Asien hielt. Sein Erstaunen war gross, als er sah, wie die Eingeborenen, mit denen er Verbindung aufgenommen hatte, ein seltsames Kraut rauchten und dabei den Qualm aus Mund und Nase stiessen: die erste Begegnung mit dem Tabak. Als Cartier im Jahre 1535 von Franz I. mit der Aufgabe betraut wurde, im Norden Amerikas Neuland zu entdecken, nahm er im Namen des Königs Kanada in Besitz. Noch zweimal kehrte er dorthin zurück. Auf seiner letzten Reise glaubte er, endlich das lang gesuchte Gold und die begehrten Edelsteine gefunden zu haben. Aber wie im Märchen verwandelte sich das Gold in simples Kupfer und die Diamanten in gleissenden Glimmer.

Immer wieder entzündete sich die Phantasie der Bretonen an den Taten solcher Entdecker und Seehelden. Sie sind stolz auf diese. So ist es verständlich, wenn in jüngster Zeit der 1901 in Quimper geborene, an der Sorbonne wirkende Gelehrte Kervran bestreitet, dass Christoph Kolumbus als erster Amerika entdeckt habe. Nach seiner These fuhren schon lange vor den Wikingern und dem kühnen Genuesen die Bretonen über den Ozean und liessen sich an den Küsten Amerikas nieder. Als Beweis führt Kervran die dort zum Teil noch erhaltengebliebenen keltischen Worte an, ebenso Hinweise in Sagas, religiösen Riten und Reste von Bauwerken, die bretonischen Einfluss aufweisen. Den wichtigsten Beweis seiner Theorie will Kervran darin sehen, dass nach alten Aufzeichnungen Kolumbus vor seiner Fahrt ins Ungewisse bei bretonischen Seeleuten auf der Insel Bréhat Auskünfte über die Navigationsverhältnisse bei der Ozeanüberquerung einholte und er bei seiner Fahrt nur aufgriff, was in Vergessenheit geraten war.

Wiedererstandene Stadt Chateaubriands

Doch wieder zurück zur Stadt. Sie wurde bereits im 6. Jahrhundert von dem aus Grossbritannien kommenden Mönch St-Malo gegründet und unter ihren Bischöfen mit starken Mauern umgeben, hinter denen die spätere Stadtrepublik sich ungestört entwickeln konnte. Auf dem zwischen den Bastionen verbliebenen Raum mussten sich die Häuser eng zusammendrängen. Daran hat sich bis heute nichts geändert. Man liess der Stadt, die zwischen dem 6. und 14. August 1944 von Bomben und Granaten bis zu 80% zerstört wurde, die schluchtartigen Strassen, die eigentlich nicht für Autos, sondern für Fussgänger berechnet sind. Nur als solcher kann man in Ruhe den einzigen, vom Geschosshagel verschonten Winkel der Stadt mit dem düsteren Geburtshaus von Chateaubriand erleben, das der Dichter folgendermassen schildert: «Das Haus, das damals von meinen Eltern bewohnt wurde, liegt in einer düsteren und engen Strasse, Judengasse genannt. Das Zimmer, in dem meine Mutter niederkam, sieht auf einen öden Teil der Stadtmauer, und durch die Fenster dieses Raumes blickt man auf das Meer, das sich bis in die Unendlichkeit erstreckt und sich an den Klippen bricht.»

Ist es ein Spiel des Zufalls, dass man vom Geburtszimmer Chateaubriands aus sein Grab erblickt? Als der gefeierte Dichter im Jahre 1848 starb, wurde er auf der kleinen Felseninsel Grand-Bé, die bei Ebbe von Bon-Secours aus zu Fuss erreichbar ist, beigesetzt. Während dieser Feier las man in der Kathedrale von St-Malo eine Seelenmesse, und der Donner der Kanonen hallte über Stadt und Strand. Heute liegt tiefe Stille über dem Grab des Dichters, in dessen Werk das Hohelied der Liebe zur bretonischen Heimat erklingt.

Das Schönste, was St-Malo zu bieten vermag, haben wir uns bis zuletzt aufgespart, nicht etwa den Besuch der vielgerühmten Galerie Quic-en-Groigne, einem instruktiven Wachsfigurenkabinett, sondern den Rundgang über den Mauerring der Stadt. Bei dem mächtigen Tor St-Vincent steigen wir auf den Mauerkranz, auf dem bequem zwei Wagen einander ausweichen könnten. Welch ein Ausblick von da oben! Hier das Schloss mit seinen vier wuchtigen Ecktürmen, und dort das auf dem Sillon gelegene Casino, ein durch die hohen Fensterreihen fast schwerelos wirkender Bau.

Auf dem zum wehrhaften Fort National sich erstreckenden Strand herrscht zwischen buntfarbigen Strandkörben frohes Badeleben. Kaum ein paar Schritte weiter ein völlig verändertes Bild. Türme und Bastionen bilden die Kulisse für die grandiose Sicht hinüber zu dem von Engländern viel besuchten Badeort Dinard, ebenso auf St-Servan mit seinem die Rance-Mündung bewachenden Solidorturm und auf das düster drohende Fort de la Cité. Während diesem von Stendhal auf anderthalb Stunden berechneten Rundgang (man kann ihn beinahe an jedem Stadttor abkürzen) zeigt sich die Bretagne vielleicht von ihrer vielgestaltigsten Seite. Ein Schauspiel zieht in stets wechselnden Bildern an unsern Augen vorüber. Aber es ist mehr als eine Schau, es ist ein Blick hinein in die unergründliche Seele dieses Landes.

Die Felsskulpturen von Rothéneuf

Von St-Malo aus machen wir auf unserer Fahrt entlang der Küste, durch einen Wegweiser verlockt, den kleinen Umweg nach Rothéneuf mit seinen «Rochers Sculptés». Ein Pfad führt uns vom Dorf aus zu einem Granithang, an dem man auf ausgetretenen und glitschigen Stufen bis zur aufgischtenden Brandung des Meeres hinuntersteigen kann. Hier fand Ende des 19. Jahrhunderts der Abbé Fouré von Rothéneuf, wegen seiner Zurückgezogenheit «der Einsiedler» genannt, den natürlichen Rahmen, in den er die seiner Phantasie entsprungenen Skulpturen stellen konnte. Ein steinernes Theater entstand, erfüllt von dem dämonischen Leben unheimlich wirkender Plastiken: an den Strand gespülte Leiber, halb aufgerichtete, wie aus tiefem Schlaf erwachende Figuren und andere wieder hingeschmiegt in die natürlichen Falten der Felsen. Oft mag die von der Natur geschaffene Form des Steins, die mit wenigen

Meisselhieben umgestaltet werden konnte, die Anregung zu diesem oder jenem grotesken Gebilde gegeben haben. War es für den Pfarrherrn nur ein Spiel mit der Form oder der den Bretonen eingewurzelte Trieb, dem harten Granit die Fülle der Gesichte anzuvertrauen, oder wollte Fouré in diesem riesigen «Bildwerk» die Idee der Calvaires in unsere Zeit übertragen?

Wenn wir die Darstellungen näher betrachten und sie von dem ortskundigen Führer uns deuten lassen, finden wir leichter den Schlüssel zu dem seltsamen Werk des skurrilen Geistlichen. Es ist eine in Stein gehauene Geschichte seiner Pfarrei, eine schonungslose Darstellung der Menschen früherer Jahrhunderte und auch jener unserer Tage. Abbé Fouré kannte die teils legendäre, teils geschichtliche Familienchronik der Herren von Rothéneuf, die wahrlich keine Tugendbolde waren. Diese verwegenen Gesellen sind unter den 300 Figuren auf dem 500 Quadratmeter grossen Bilderteppich zu finden, ebenso die Piraten und Freibeuter von Rothéneuf, die es jenen von St-Malo und Dinan gleichtaten.

Meisterlich hat der Abbé diese Mordskerle mit den schiefen und verzerrten Mündern und dem oft abstossenden Gesichtsausdruck gestaltet. Sie sind jenem Schergen verwandt, der auf einem der Calvaires im Westen der Bretagne gegen den unter der Last des Kreuzes niedergebrochenen Christus die Zunge bleckt. Diese rauhen Männer waren zu allem fähig. Sie kaperten nicht nur englische Schiffe, sondern verrieten sich gegenseitig und jagten einander die Beute ab, bis englisch-normannische Rivalen und die Revolution diese «Letzten ihres Stammes» zur Strecke brachten.

Das alles klingt nach in den Gestalten des Abbé Fouré. Und noch mehr: Er brauchte nur das Leben seiner Pfarrkinder zu studieren, um für seine Plastiken Stoff in Hülle und Fülle zu finden. Ist es nicht dem Leben abgelauscht, was auf einem Relief dargestellt ist: eine häusliche Szene, wobei ein wutschnaubender Ehemann unter dem Gelächter der schadenfrohen Nachbarin seine Frau an den Haaren zerrt und ihr noch obendrein einen Fusstritt versetzt?

Blick auf den Aussichtspunkt Menez-Hom (330 m ü. M.)
in der Nähe von Châteaulin

Bootshafen mit der wehrhaften Stadtmauer und der Grande Porte von St-Malo

Mit Kunst hat das alles nicht viel zu tun, aber ebensowenig kann man es einfach als Kitsch verachten. Als unerlöste Seelen schoben sich diese Gestalten vor das innere Auge des Pfarrherrn, der unermüdlich bei Wind und Wetter 25 Jahre lang umtost vom brandenden Meer seinen «Gesichten» Ausdruck verlieh. Wer weiss, ob dieser Einsiedler, familienlos wie er war, hier nicht eine riesige Familie um sich scharen wollte? Diese Bilder sollten vielleicht auch von seinen Pfarrkindern als Busspredigt verstanden werden. Die sich auf den Felsen lagernden Ungeheuer sind dieselben Dämonen, wie sie den mittelalterlichen Menschen auf Bildern des Hieronymus Bosch schreckten, und das schuppengepanzerte Monstrum, das den halbaufgerichteten «Letzten von Rothéneuf» umschlingt, mag Satan selber sein.

Inmitten des wirren Knäuels von grinsenden Köpfen und auf den Felsen sich windenden Leibern erhebt sich droben auf der Höhe eine Art Tempelbereich, die Zelle und Kapelle des Heiligen Budok, der an diesem Küstenstrich einst wirkte.

So gipfelt die Arbeit des Abbés letzten Endes in den Symbolen tiefen Glaubens, die über die Sünder, die Verdammten und die apokalyptischen Ungeheuer triumphieren.

Auch in der Bretagne hat die Zukunft schon begonnen

Seltsam, dass in einem Land, das, geologisch gesehen, zu den ältesten der Erde gehört, neben den 5000 Jahre alten Menhiren und Dolmen, neben Calvaires und granitenen Kirchen Bauwerke emporwachsen, in denen sich bereits die Zukunft andeutet. Das kommt nicht von ungefähr. Die Bretagne ist, trotz allen Kunstschätzen und einem überwältigenden Reichtum an landschaftlichen Schönheiten, ein armes Land. Hinausgerückt an den westlichen Rand Europas, 624 Kilometer von Paris entfernt und noch weiter abgerückt von der zwischen Marseille und Rotterdam verlaufenden Hauptachse des Gemeinsamen Marktes, fehlte bisher dem fast zu 70% landwirtschaftlich orientierten Gebiet die Möglichkeit, den Anschluss an die rapide Entwicklung anderer Länder zu finden.

Kein Wunder, wenn die Industrie und selbst das für die Bretagne ureigenste Gebiet, der Fischfang, in den letzten 50 Jahren empfindliche Einbussen hinnehmen mussten, ja, dass auch die Bevölkerungszahl trotz einem Geburtenüberschuss von 12 000 Kindern im Jahr sich durch Auswanderung dauernd verringerte. Man hat errechnet, dass seit 1900 bis heute etwa 600 000 Bretonen ihre angestammte Heimat verliessen. Davon leben allein 500 000 in Paris, das namentlich den jungen Menschen wesentlich günstigere Lebensbedingungen zu bieten vermag.

Der Boden ist karg und gewährt bei allem Fleiss oft nur geringe Ernten. Und die Fremden? Obgleich herrliche Badeorte lokken, angefangen im Süden mit La Baule bis hinauf zum Mont St-Michel, sich in übergrosser Zahl mit gutgeführten Hotels jeder Kategorie in Buchten, Flussmündungen und an schimmerndem Strand hinziehen, glaubt der Ferienreisende, die Bretagne sei nur in den Sommermonaten besuchenswert. Er übersieht dabei die Fülle des Kunstbesitzes, der im Sommer wie im Winter gleichbleibt, und er weiss vielleicht nicht, dass der Golfstrom, die natürliche «Warmwasserheizung», diesem Gebiet ein beinahe mediterranes Klima verleiht.

Um dieser für die Bretagne bedrohlich erscheinenden Entwicklung zu steuern, blieb man in den letzten Jahren nicht untätig. Das zeigt der grosszügige und weit vorausplanende Wiederaufbau der im Kriege stark zerstörten Städte, wie Brest und St-Nazaire, und auch die Umgestaltung der grössten bretonischen Stadt: Nantes. Hier hat beispielsweise kein Geringerer als der avantgardistische

Baumeister Le Corbusier in dem 19 000 Einwohner zählenden Industrievorort Rézé in den Jahren 1953–55 eine Cité radieuse errichtet, einen Baukoloss mit 17 Stockwerken und ungefähr 300 Wohnungen, in denen etwa 1500 Menschen leben, eine kleine Stadt für sich, die ein eigenes Postamt und Ladengeschäfte aller Art besitzt. Um dieser «Wohnfabrik» mit den durch zwei Etagen gehenden Wohnungen das Kasernenhafte zu nehmen, setzte man Fenster und Balkonnischen in verschiedenen Farben gegeneinander ab, ohne dadurch jedoch dem auf einer Anhöhe liegenden Betonklotz das Beängstigende, ja Bedrohliche nehmen zu können. Aber man sieht, der Wohnungsnot wird gesteuert. Mit derselben Anstrengung geht man auch an das Energieproblem. Wo sich Industrie ansiedeln soll, bedarf es der Elektrizität. In einem kaum 400 Meter über dem Meeresspiegel sich erhebenden Land können die bescheidenen Flüsse die nötige Energie nicht liefern, ebensowenig die durch Kohle betriebenen Kraftwerke.

Aber zeigt nicht vor den Toren von St-Malo der Wasserstand bei Ebbe und Flut, wie sonst kaum noch irgendwo, einen Unterschied von 14 Metern? Soll man diese unvorstellbar grossen, durch den Mond erzeugten Kräfte ungenützt lassen? Der weit in das Landesinnere reichende, 22 Quadratkilometer grosse Mündungstrichter der Rance ist ja ein von der Natur bereitgehaltener Stausee, der sich alle sechs Stunden füllt und wieder entleert. Man braucht die Mündung nur mit einer Sperrmauer zu verschliessen, gewaltige Tore, durch die das Wasser ein- und ausströmen kann, einzubauen und ebenso Turbinen, die vom Ebbe- wie auch vom Flutwasser angetrieben werden. Dieses Werk, das 1961 begonnen wurde, soll 1966 vollendet sein. Dann werden die landeinwärts fahrenden Schiffe eine Schleuse an der hier 500 Meter breiten Flussmündung benützen, und die Wassermassen, die mit 18 000 Kubikmeter pro Sekunde während der Hochflut mit einer Geschwindigkeit von fünf Meilen in der Stunde einströmen, werden 24 Turbinen antreiben, jede mit einem Leistungsvermögen von 10 Millionen Watt.

Die sich hieraus ergebenden Möglichkeiten werden einer umfangreichen Industrialisierung Vorschub leisten, wie sie bereits in dem 50 Kilometer nördlich der Loiremündung gelegenen Redon eingesetzt hat. Von den dort lebenden 8000 Einwohnern werden heute schon 2600 in Möbelfabriken, Giessereien und Werkstätten für Präzisionsmechanik beschäftigt. Das Vorbild der Citroën-Autowerke, die im Verlauf der Dezentralisierung 1958 bei Rennes ein weitgehend automatisiertes Werk errichteten, wird Schule machen. Auch Fougères mit seinem fast ungebrochenen Schuhmonopol wird dann nicht mehr ein Einzelfall sein.

Ja, auch in der Bretagne hat die Zukunft bereits begonnen. Sie wird versinnbildlicht durch das seltsame, einer weissen Riesenblase gleichende Gebilde, das wir nördlich von Lannion schon von weitem erkennen können. Ein gestrandeter Fesselballon etwa? Fast könnte man die weisse Nylonhülle, die neben armseligen Häusern sich 50 Meter aufwölbt, dafür halten, wären da nicht in der Nähe stählerne Antennentürme, jeder je nach Zweck anders gestaltet. Wir stehen vor der Station für die Telstar-Sendungen von und nach Amerika.

Die Korkzieherantennen des einen Turmes spüren die Satelliten im Weltall auf und leiten die Signale zu dem von der Nylonhülle beschützten Empfangsrohr, einem grammophontrichterähnlichen Gebilde, wo sie verstärkt und ausgewertet werden. Eine unterirdische Maschinenanlage bringt automatisch das Empfangsrohr in die Richtung, die es ihm ermöglicht, die nur 37 Minuten wahrnehmbaren Signale des in zwei Stunden um die Erde kreisenden Satelliten aufzufangen.

Bretagne, Land der Gegensätze! In Pleumeur-Bodou niedere Häuser aus bläulichem Granit, blumenerfüllte Gärten, unweit davon der christlich umgestaltete Menhir von St-Duzec. In den Dorfkirchen wundertätige Heilige und nahe dabei das Radome, die Nylonkugel, die stählernen Fühler der Antennen, empfangsbereit für Signale aus anderen Welten – ein Wunder unserer Zeit!

Rennes – Spiegelbild bretonischer Geschichte

Seitdem das alte Rennes im Brand von 1720 beinahe vollständig ein Raub der Flammen wurde, zeigt die nach den Plänen von Jacques Gabriel im klassizistischen Stil wiedererbaute Stadt «kühle Würde». Diese steigert sich fast zur Eintönigkeit, wandert man an der kanalisierten, schnurgerade die Stadt durchschneidenden Vilaine entlang. In ihrem trüben, kaum eine Bewegung verratenden Wasser spiegeln sich moderne Geschäftshäuser. Nur zwei auf dem linken Ufer liegende Monumentalbauten, das Palais du Commerce und das Museum, unterbrechen die gleichförmige Häuserreihe. Gelangweilt schauen wir einem Angler bei seiner erfolglosen Tätigkeit zu, biegen dann in die Rue d'Orléans ein und erleben bereits nach wenigen Schritten die Harmonie des Rathausplatzes, wo sich der Gestalter, Jacques Gabriel, als würdiger Sohn jenes Architekten erweist, der eine Generation zuvor der Place de la Concorde zu Paris die gültige Form gab. Mit dem unverkennbaren Gefühl für das Repräsentative, wie es nun einmal der Verwaltungs- und geistigen Hauptstadt der Bretagne zukommt, wächst der elegant geformte, eine Uhr tragende Mittelturm (von den Bürgern der «Dicke» genannt) empor. An seine Flanken lehnen sich zwei leicht geschwungene, als Pavillons gestaltete Seitenflügel, die dem Gebäude eine bestrickende Eleganz verleihen. Einer dieser Bauten birgt das Pantheon von Rennes, eine eindrucksvolle Gedenkstätte für die Gefallenen Frankreichs.

Hinter dem Theater erreichen wir eine gepflegte Anlage, über der das architektonische Glanzstück, das Palais de Justice, das alte Parlamentsgebäude, thront. Salomon de Brosse, der in Paris das Palais Luxembourg schuf, gab Stadt und Parlament mit diesem zwischen 1618 und 1655 errichteten Bau einen der hohen Versammlung würdigen Rahmen. Adelig die im toskanischen Stil errichtete Fassade, die mit ihrer Säulenhalle über dem buntfarbigen Linienspiel kunstvoll angelegter Blumenrabatten emporsteigt! Wie dieser «Vorsaal» zeigt auch der ehemalige Sitzungssaal des Parlamentes, «die Grosse Kammer», Erhabenheit und Harmonie. Allein schon die Masse, 20×10 Meter bei einer Höhe von sieben Metern, sind erstaunlich. Mag auch manches der früheren Ausstattung umgewandelt sein, so zeugen doch die Kassettendecke, die Malereien und die Täfelung von einstiger Pracht, ebenso die Loggien, die es vornehmen Besuchern (darunter auch Madame de Sévigné) erlaubten, an den Sitzungen teilzunehmen.

24 Jahre woben Gobelinwerkstätten an den neuzeitlichen Wandteppichen mit den Darstellungen aus der bretonischen Geschichte. Die Historie des Landes und der Stadt bietet wahrlich Stoff genug. Sie hebt an mit Bertrand du Guesclin, der im Jahre 1337 in Rennes als 17jähriger zum erstenmal mit Hilfe eines Vetters an einem Turnier teilnimmt und dabei in der entliehenen Rüstung auf geborgtem Pferd alle adligen Gegner besiegt. Im Jahre 1491 erlebt Rennes einen Höhepunkt seiner Geschichte, die glanzvolle Verlobung der Herzogstochter Anne de Bretagne mit dem französischen König Karl VIII. Doch welche Schwierigkeiten galt es zuvor zu beseitigen!

Wie Franz II., der letzte Herzog der Bretagne, 1488 in Nantes stirbt, ist seine Tochter und einzige Erbin, Anne, erst elf Jahre alt. Dennoch kann sie sich der Freier kaum erwehren. Ihre Wahl fällt auf Maximilian von Österreich, der später als Maximilian I. den Kaiserthron besteigt. Da der Fürst durch kriegerische Verwicklungen in den Niederlanden festgehalten wird, findet die kirchliche Trauung 1490 durch «Stellvertretung» statt. In Paris ist man hellhörig geworden. Soll der Deutsche, nachdem ihm durch Heirat bereits Burgund zugefallen war, nun auch noch die Bretagne «erheiraten»? Das muss verhindert werden! So wirbt Karl VIII. ebenfalls um die Hand der Herzogstochter. Als er abgewiesen wird, belagert er 1491 Rennes, um sich die Braut mit Waffengewalt zu holen. Die durch die Belagerung notleidende Bevölkerung drängt die geliebte Landesmutter, dem ungewöhnlichen Werben des französischen Königs nachzugeben. Anne willigt schliesslich ein. Und nun geschieht das Wunderbare: Die zierliche, ein wenig hinkende Herzogstochter und der unansehnliche und dickliche König fassen eine ehrliche Neigung zueinander. Doch bevor es zur Hochzeit kommt, müssen erst noch zwei, allerdings nur auf dem Papier stehende eheliche Bindungen gelöst werden. Als «nicht vollzogen» löst die römische Kurie die Ehe zwischen Karl VIII. und der Tochter Maximilians, der Margarethe von Österreich, und ebenso jene zwischen Maximilian und Anne de Bretagne. Jetzt endlich kann am 6. Dezember 1491 die feierliche Hochzeit im königlichen Schloss zu Langeais im Loiretal stattfinden.

Ein kurzes Glück! Die Herzogin der Bretagne und Königin von Frankreich schenkt vier Kindern das Leben. Sie alle sterben im zartesten Alter. Und dann das Unbegreifliche: Karl stösst im Schloss Amboise, von einem Mahle kommend, vor den Augen seiner Gemahlin mit seinem Kopf so heftig gegen einen Türbalken, dass er stirbt. – Anne ist durch einen Ehevertrag gebunden, den Nachfolger des Königs zu heiraten. 1499 wird zu Nantes die Hochzeit mit Ludwig XII. gefeiert. Von den Kindern aus dieser Ehe (Anne stirbt, 37 Jahre alt, 1514 zu Blois) bleibt nur die Tochter Claude am Leben, die spätere Gattin Franz I. Durch sie, deren Name sich in der goldgelben Pflaume, der Reine-Claude, bewahrt hat, kommt endlich die Bretagne an Frankreich.

Im Jahre 1675 – der Ruhm Ludwigs XIV. beginnt zu verblassen – wird Rennes durch den Aufstand gegen das von Colbert eingeführte «Stempelpapier» erschüttert. Steine fliegen gegen den Wagen des Statthalters. Man fordert gebührenfreie Gerichtsbarkeit, verpflichtende Heirat zwischen Adel und Landvolk, Aufteilung der herrschaftlichen Güter. Eine neue Zeit scheint sich anzukündigen, doch Rad und Strick bereiten den umwälzenden Ideen ein jähes Ende. Viele Bürger werden verbannt, und auch das aufrührerische Parlament wird für 15 Jahre in die Verbannung geschickt.

Noch einmal wird Rennes 1762 durch den sich gegen die Jesuiten wendenden «Fall la Chalotais» zum Schauplatz politischer Kämpfe. Schliesslich triumphiert hier die Juristerei über die königliche Autorität. Die grosse Revolution hebt an. Während dieser Schreckenszeit macht sich Bürgermeister Leperdit um die von Carrier, dem Vertreter des Konvents, gepeinigte Stadt hoch verdient. Als man ihn während einer Ansprache mit Steinen bewirft, wendet er sich mit folgenden Worten an die hungernde Bevölkerung: «Ich kann nicht wie Jesus diese Steine in Brot verwandeln, aber mein Blut würde ich bis zum letzten Tropfen hingeben, falls es euch nähren könnte.»

Was blieb vom alten Rennes? Das stark verstümmelte Mordelaise-Tor, durch das ehemals die Herzöge zur Krönung in die Kathedrale einzogen, das windschiefe, reich skulptierte Fachwerkhaus Ti Koz, einstmals Wohnsitz Du Guesclins, heute vielbesuchtes Schlemmerlokal, ein paar alte Winkel um die erst 1844 vollendete Kathedrale St-Pierre, deren überschwenglicher Schmuck von einem flämischen holzgeschnitzten Altarblatt überstrahlt wird, und das so oft zu Unrecht übersehene adelsstolze Hôtel de Blossac.

Zu guter Letzt ist da noch das Museum! In seinen weitläufigen Räumen ist das spezifisch Bretonische in einzigartiger Reichhaltigkeit vertreten: das schrankartige, durch eine Schiebetür zu betretende Bauernbett, «lit clos», reich geschnitzte Truhen, Wiegen und sonstiges Mobiliar, kunstvoll gefertigte Geräte des täglichen Gebrauchs, in denen sich eine vielseitige Gestaltungskraft offenbart. Und dann in hohen Vitrinen Figuren, bekleidet mit den Trachten des Landes, in ihrer Vielfalt verwirrend, in ihrer Farbenpracht und mit ihrem Formenreichtum berauschend.

Diese buntgemalten und bestickten Trachten sind köstlich wie die ungezählten Blumen in dem hochgelegenen Thabor-Park, den wir durch ein kunstvoll geschmiedetes Prunktor betreten. Gärtnerische Kunst zauberte verschlungene Blumenornamente in das Grün. Ein Rosengarten lockt, Palmenblätter zittern im lauen Wind. Die Blüten des indischen Blumenrohrs und Gladiolen versprühen ihr

Bretonischer Bauernhof

Feuerwerk. Und zwischen all dem Blühen und Leuchten ein kleiner, von alten Bäumen umschatteter Teich, auf dem ein paar Kinder Segelboote treiben lassen und dabei, versunken in ihr Spiel, von den Fahrten kühner Korsaren träumen.

Zu Gast bei Chateaubriand und Madame de Sévigné

Unter den vielen Adelssitzen der Bretagne kommt der nördlich von Rennes gelegenen Combourg eine besondere Bedeutung zu, verbrachte doch Chateaubriand, der einflussreichste Führer der französischen Frühromantik, dort seine Jugendjahre.

Der in St-Malo lebende Vater des gefeierten, 1768 geborenen Dichters, uraltem, aber später verarmtem Adel entstammend, war als Kabeljaufischer vor Neufundland, als Sklavenhändler und Pirat (damals durchaus kein entehrender Beruf) zu einem kleinen Vermögen gekommen, mit dem er aus feudalherrlichem Stolz heraus das weitläufige Schloss Combourg erwarb. Noch heute wirkt der riesenhafte Bau, der sich mit seinen abweisenden Rundtürmen hinter einem von Schilf umgürteten Weiher erhebt, geheimnisvoll, ja furchterregend.

Kein Wunder, dass der empfindsame Knabe François-René sich hier nicht wohlfühlte. Die nur vierköpfige Familie verlor sich geradezu in diesen Fluchten von Räumen. In seinen «Erinnerungen von jenseits des Grabes» schreibt der Dichter: «Überall drohten geheime Treppen und Gänge, Verliese und Wehrtürme, ein Labyrinth offener und überdeckter Korridore, vermauerte Keller mit unbekannten Abzweigungen. Überall Schweigen, Dunkelheit und das Antlitz des Steins.»

Das Inselwunder vor der bretonischen Küste: Mont St-Michel

Seltsam wie dieses Schloss war auch das Leben, das die Familie dort führte. Des Abends durchschritt der Vater in seinem Schlafrock unablässig den riesigen, von einer einzigen Kerze erhellten Saal, während die Mutter und die sensible Schwester Lucile vor den um das Haus huschenden Eulen sich fürchteten oder darauf warteten, die Schritte eines Gespenstes zu vernehmen. René bewohnte eine enge Kammer im «Tour du Chat», die er jede Nacht mit heimlichem Grauen nur über eine Aussentreppe erreichen konnte. Nach dem Besuch des Gymnasiums zu Dol und dem Studium bei den Jesuiten zu Rennes war die Combourg für René immer wieder Zufluchtsstätte, auch dann, als seine Hoffnung, zum Seekadetten ernannt zu werden, sich nicht erfüllte. So übte die Combourg einen entscheidenden Einfluss auf den Dichter aus. Seine Liebe zu den Bäumen, Blumen, dem Heidekraut, den Vögeln erklärt sich aus den hier empfangenen Eindrücken, sein Adelsstolz aus den wehrhaften Mauern der Combourg. So formte sie mit an dem Leben dieses Mannes, dem Gegenspieler Napoleons, dem Aussenminister Frankreichs und dem grossen Dichter, den man in Frankreich ähnlich verehrt wie in Deutschland Goethe.

Als Bewunderer der 1626 zu Paris geborenen Madame de Sévigné, der Verfasserin weltberühmt gewordener Briefe, lassen wir es uns nicht nehmen, ihren kaum sieben Kilometer von Vitré entfernten einstigen Wohnsitz Château des Rochers aufzusuchen, ein Domizil, das sie aus Sparsamkeitsgründen gewählt hatte, verprassten doch ihr Gemahl und ihr Sohn fast ihre gesamten Einkünfte. Alles atmet hier noch den Geist der klugen Frau, dank deren Briefen wir den regelmässig sich vollziehenden Tagesablauf miterleben können: acht Uhr Aufstehen, neun Uhr Besuch der heiligen Messe. Während des Mittagessens muss ihr Sohn Karl aus Werken von Vergil, Montaigne oder Pascal vorlesen. Manchmal dauern solche «Vorlesungen» vier bis fünf Stunden. Selbst nach dem Abendessen nimmt Karl die Lesungen wieder auf, wobei allerdings, um bei solchen geistigen Strapazen nicht einzuschlafen, heitere

Lektüre bevorzugt wird. Um 10 Uhr nachts endlich löst sich der Kreis auf. Die unermüdliche Madame de Sévigné jedoch liest oder schreibt auf ihrem Zimmer noch weiter bis Mitternacht. Trifft dann und wann einmal Besuch auf dem Schlosse ein, so ist das eine reizvolle Abwechslung, zumal Frau von Sévigné gleich die Schwächen der Gäste entdeckt und sie in ihren Aufzeichnungen geisselt.

Auch die Bankette der Ständeversammlung im nahen Vitré, die sie zuweilen aufsucht, werden zur Zielscheibe ihres beissenden Spottes, schreibt sie doch darüber: «So viel Wein fliesst in den Bauch der Bretonen als Wasser unter den Brücken.» Mit beiden Füssen steht diese Frau im Leben. Sie verfolgt eifrig die Reparaturarbeit auf dem Dach ihres Schlosses und bewundert die dort arbeitenden Zimmerleute: «Man darf Gott dafür danken, dass es noch Menschen gibt, die so gnädig sind, für zwölf Groschen am Tag eine Arbeit zu tun, die andere nicht für zehntausend Taler leisteten.» Das hindert sie jedoch keineswegs, die einlaufenden Rechnungen genau zu überprüfen und über die hohen Kosten der Lebenshaltung zu stöhnen.

Von solchen Begebenheiten spricht jedes Zimmer, jeder Gegenstand in dem im 14. Jahrhundert erbauten und im 17. Jahrhundert umgestalteten Schlosse, das heute noch den Nachkommen der Madame de Sévigné gehört. Wir sehen die hohe Frau in der von ihrem «sehr gütigen» Onkel Abbé des Coulanges zu Füssen eines dicken Turmes gebauten Kapelle ihre Andacht verrichten, und wir blicken ihr über die Schulter, wenn sie im «Grünen Kabinett», umgeben von alten Möbeln und Familienbildern, ihre Briefe verfasst. Wie oft mag ihre Hand den von ihrer Tochter, Madame de Grignan, gestickten Bettüberwurf gestreift haben, wie oft mag sie vor dem schönen, aus dem 16. Jahrhundert stammenden Kamin, der ihre Initialen M. R. C. (Marie Rabutin-Chantal) trägt, gesessen sein.

Manchmal hat sie wohl auch in dem von Le Nôtre angelegten Garten in einem Mauerhalbrund das doppelte Echo geweckt, das sie den «kleinen Wortwiederholer» nennt, ein Spiel, das auch wir, von zwei durch Steine markierten Plätzen aus, versuchen. Schreitet nicht Madame de Sévigné neben uns her, wenn wir den grossen Waldpark durchwandern und an den Alleen noch die Namen finden, in denen der Geist einer gefühlvollen Zeit weiterlebt: «Die Einsame», «Die Unendliche», «Die Laune meiner Mutter», «Das Heilige Grauen»?

Grenzfeste Vitré

Vitré, eine der mächtigen, nach Osten gerichteten bretonischen Grenzfestungen, durfte alles, was andernorts durch Krieg zerstört wurde: alte Häuser, gewundene Gassen und düstere Winkel, in seinen Mauern bewahren. Das Schloss ist ein wahres Musterbeispiel bretonischer Festungsbaukunst. Dieser Ballung von Türmen und starrenden Bastionen haftet auch heute noch etwas Abschreckendes an. Wer wollte es wagen, zerbrechliche Leitern an diese gigantischen Mauern anzulegen, wer mit den Waffen vergangener Zeiten eine Bresche in diese aufeinander getürmten Felsen zu schlagen? Jeder Pfeil, jeder Bolzen, jede noch so gut gezielte Kugel prallte an diesem Steinpanzer ab, hinter dessen Visier die Besatzung jeden Angreifer aufs Korn nehmen oder ihn mit Feuer, siedendem Pech und Schwefel überschütten konnte. War die heute noch vorhandene Zugbrücke hochgezogen, so gab es keinen Zugang mehr zu dem malerischen Hof, dessen Hauptschmuck eine elegante Renaissance-Loggia ist.

Vor dieser das Tal der Vilaine beherrschenden Trutzfeste ducken sich spielzeugkleine Häuser und zeigen auf dem hellen Putz die dunkeln Zebrastreifen ihres Gebälks. Neben der Wucht dieser Burg kann selbst die gotische Kirche Notre-Dame kaum bestehen. Das Interessanteste an diesem dem 15. Jahrhundert entstammenden Bauwerk ist die Südflanke mit ihren sieben von Zinnen gekrönten Giebeln und ihrer Aussenkanzel. Von dieser führte der katholische Geistliche einst heftige Streitgespräche mit seinem protestantischen Kollegen, der meist, um die Predigt des Pfarrers zu stören, eine am Nachbarhaus angebrachte Kanzel bestieg.

Der Finanzminister des Herzogs Franz II., Pierre Landais, begann in Vitré seine Laufbahn. Vom «garderobier» des Herrschers wusste er sich geschickt von Stufe zu Stufe emporzuarbeiten, bis er es endlich zum Obersten Schatzmeister und Berater des Souveräns gebracht hatte. Als solcher schloss er Handelsverträge mit vielen Ländern Europas ab. Auf Grund einer zugunsten des Papstes erhobenen Steuer erhielt er sogar vom obersten Kirchenhirten die Erlaubnis, mit den Türken ein Handelsabkommen zu treffen, und dies gerade in dem Augenblick, als Rom den Ungläubigen den Heiligen Krieg erklärte!

Pierre Landais gab sich mit diesen Erfolgen nicht zufrieden. Als erklärter Feind Frankreichs ging er Bündnisse mit Österreich und England ein. Schliesslich entledigte er sich seines Widersachers, des Kanzlers. Das war für den Adel und die Geistlichkeit zuviel. Beide zettelten eine Verschwörung gegen Landais an, sahen sie doch durch ihn ihre angestammten Rechte zugunsten der Bürger gefährdet. Unter dem Druck Frankreichs musste Herzog Franz seinen Ratgeber opfern, der schliesslich 1485 zu Nantes am Galgen endete.

Fougères, die unbekannte Stadt

Fougères, «ville inconnue» nennt der offizielle französische Führer dieses Städtekleinod, das wohl eine der grössten Befestigungsanlagen des Mittelalters sein eigen nennt.

Während der bretonische Adel für seine wehrhaften Burgen meist Felsen, Hügel oder Höhenzüge bevorzugte, liegt die Burg von Fougères zu Füssen der Stadt. Welch eine Burg! Sie bedurfte nicht der Lage auf einem Berg, sie wächst selber wie ein Berg aus dem tief eingeschnittenen Tal des Nançon empor. Man hat das Flüsschen in dieses geradezu genial angelegte Verteidigungssystem miteinbezogen, hat es zu einem See gestaut, der zwischen dem Haupteingang und der Tour de Coigny als unüberwindliches Hindernis liegt. Aus diesem See abgeleitet, zieht ein Flussarm bei der Porte Notre-Dame unter einer früher hochklappbaren Brücke hindurch, stürzt dann schäumend in eine kleine Schlucht und treibt dort das Rad einer Mühle. Ein zweiter dem See entströmender Flussarm fliesst zwischen Aussenmauer und dem Grand Logis hindurch und vereinigt sich bei der Porte Notre-Dame mit dem anderen.

Zwei fensterlose Rundtürme geben dem mittleren, vierkantigen, mit Schiessscharten versehenen Hauptturm Flankenschutz. Aus dem linker Hand über dem wassergefüllten Graben sich entlangziehenden Mauerstück stülpen sich die Turmgiganten Tour Raoul und Tour Surienne mit ihren zum Aufstellen von Kanonen bestimmten Plattformen heraus. Dort, wo der Wasserschutz fehlt, setzte der Festungsbauer um 1300 einen wahren Koloss an die Mauern, den Melusinen-Turm, so genannt nach dem im Wappen des Hauses Lusignan prangenden Fischweib. Mit 30 Metern Höhe, einem Durchmesser von 13 Metern und einer Mauerdicke von fast vier Metern ist er der gewaltigste der 13 Türme, von denen jeder seinen eigenen Namen und seinen eigenen Charakter besitzt. In dem Turm Raoul ist eine Sammlung von alten Möbeln, Zinngeschirr und Steingut untergebracht, in dem Surienne genannten Turm ein Schuhmuseum, wie es Fougères, der «Hauptstadt des Damenschuhs», zukommt.

Wie oft war diese Grenzfestung umkämpft! Im Jahre 1166 wurde sie vom König von England, Heinrich II. Plantagenet, im Sturm erobert und geschleift. Die neu aufgebaute Burg besetzte der Graf von Bretagne, um sie sogleich wieder an die Franzosen zu verlieren. So ging es Jahrhunderte hin und her. Im Kleinkrieg, den die königstreuen Bretonen gegen die Republikaner führten, gewann Fougères besondere Bedeutung. Balzac schildert in seinem grossen Roman «Die Chouans» diese Zeit, vor allem das menschlich ergreifende Schicksal der von dem Polizeiminister Fouché entsandten Spionin Marie de Verneuil, die sich in den Marquis de Montauran, den Anführer der Chouans, verliebte, eine Liebe, die mit dem Tode enden musste.

Die Burg in Krieg und Frieden

Während wir die gewaltigen Burganlagen von Fougères durchschreiten, denken wir an die Menschen, die einstmals in solchen düstern Mauern lebten. Die ersten Burgen kannten nur einen einzigen, über eine Aussenleiter erreichbaren Raum, in dem die ganze Familie des Schlossherrn hauste. Nur spärlich drang Licht in das Gemach, dafür krochen Kälte und Feuchtigkeit, gegen die kein Kaminfeuer half, durch die notdürftig verhangenen Mauerritzen. Wie erholsam für den Ritter, diesem trostlosen Einerlei zu entfliehen, auf die Jagd zu gehen, Händel auszufechten oder gar auf einem Kreuzzug fremde Länder erleben zu dürfen. Währenddem verbrachten die Burgfrauen ihre Zeit bei Stickereien oder am Spinnrad. Klopfte einmal ein Pilger, ein Bänkelsänger, Gaukler oder Spielmann ans Tor, wurde er begeistert aufgenommen, und entzückt lauschte man seinen Neuigkeiten oder Liedern. Allmählich verbesserten sich die Wohnverhältnisse. Der Rittersaal erhielt gläserne Fenster, die ihr Licht über ein Himmelbett, ein reich kulptiertes Kamin, geschnitzte Schränke und Truhen warfen. Bei sinem Todesfall blieben diese Fenster 15 Tage lang verhangen, ebenso wie bei der Geburt eines Kindes nur Fackeln den Raum erhellen durften. Die Speisen wurden nicht mehr am Kaminfeuer zubereitet, sondern in einer von dem Wohnraum getrennten Küche. An dem über dem Feuer rotierenden Spiess drehten sich Fische, Geflügel und saftige Braten, zu denen würzige Saucen gereicht wurden. Die Körperpflege stand bereits im 14. Jahrhundert in hohem Ansehen. Man kannte Badestuben, Dampfbäder, Massagen, hölzerne oder bronzene Waschtröge. Selbstverständlich bot man jedem Gast vor dem Essen ein Bad an. Im Laufe späterer Jahrhunderte verschwanden solche Badesitten mehr und mehr und kamen in der Zeit zwischen Renaissance und Revolution fast ausser Gebrauch. So kennt das Riesenschloss von Versailles nicht einmal mehr die primitivsten hygienischen Einrichtungen einer mittelalterlichen Veste.

Die Mauern und Bastionen von Fougères sagen deutlich, dass solch eine Burg in erster Linie militärischen Zwecken diente. Sie war zunächst Schutz für die Adelsfamilie, Schutz auch oftmals für ein ganzes Gebiet. Darum musste die gesamte Anlage auf Abwehr und Verteidigung eingestellt sein und auch der immer weiter sich entwickelnden Belagerungstechnik Rechnung tragen.

Meist versuchte der Feind zuerst, die Feste einzuschliessen. Dazu errichtete er Gräben und Schanzen, eine Art zweite, um die Burg gelegte Befestigungsanlage, Ausgangspunkt für eigene Unternehmungen und Schutz vor Ausfällen der Belagerten. Sorgfältig wurden die Mauern nach der schwächsten Stelle abgetastet, die meist dort lag, wo der Felsvorsprung mit dem Hinterland sich verbindet.

Um den Mauergürtel zu sprengen, wurden Sappen vorgetrieben oder Wurfmaschinen aufgestellt, Katapulte und Ballisten, die mit Federkraft damals schon 100 kg schwere Steine 200 Meter weit zu schleudern vermochten. Auf dem zugeschütteten Burggraben rückte das von einer Schar Soldaten bediente, mit Fellen abgeschirmte Gestell des Sturmbocks gegen die Mauern vor und hämmerte unerbittlich mit dem eisernen, an einer pendelnden Stossstange angebrachten Kopf gegen den bröckelnden Stein. Die Belagerten suchten den Stoss durch Strohballen abzudämpfen. Sie schossen Brandpfeile ab und warfen brennende Reisigbündel auf die Angreifer, überschütteten diese mit flüssigem Pech und Brandkalk oder suchten sie mit dem Staub feiner Holzasche zu blenden. Entstandene Breschen wurden eilends vermauert oder durch Palisaden notdürftig wieder abgeschirmt.

Doch die Technik schritt weiter. Gab es noch einen Schutz gegen die rollenden Türme, die, an Ort und Stelle von geschulten Zimmerleuten erbaut, bisweilen eine Höhe von 50 Metern erreichten? Oft wurden mehrere solcher Ungetüme gegen die Mauern vorgeschoben, um die Verteidiger, die nicht wussten, von wo aus der eigentliche Angriff kam, zu verwirren. Keine Mauer war hoch genug, um zu verhindern, dass sich von den Rolltürmen aus Fallbrücken auf sie niedersenkten, über die sich die Flut der Angreifer in das Innere der Befestigungsanlage ergoss. Selbst wenn die Aussenmauer erklommen war, erwarteten in den selbständigen Wehrbauten wie Burgfried und Donjon den Feind gewundene Treppen, Irrgänge und zäh verteidigte Mauervorsprünge. Wenn alle Angriffswaffen versagten, blieben noch die unerbittlichen Verbündeten: Hunger, Durst und Seuchen, die bei jahrelangen Belagerungen die ultima ratio darstellten.

Mit der Erfindung des Schiesspulvers und unter den wohlgezielten Schüssen hervorragender Artilleristen war trotz der Anpassung an die neuen Gegebenheiten das Ende der mittelalterlichen Burgen gekommen.

Die alte Bischofsstadt Dol und ihr Berg

Unnahbar und düster überragt die Kathedrale des alten Bischofssitzes Dol die verträumte, kaum 5000 Einwohner zählende Stadt. Einer der Türme, der linke, ist ein klotziger Stumpf geblieben, der rechte aber trägt um seine pyramidenartige Spitze eine filigranartig durchbrochene Steingalerie. Seine Form ist besonders einprägsam durch das aus einer der Turmecken wie eine Knospe hervorspringende zweite Türmchen, das verwegen seine barocke Zwiebelhaube trägt.

Als im Jahre 848 Nominoë, ein von Karl dem Grossen ausgezeichneter Bretone bescheidener Herkunft, in Dol zum ersten Herzog der Bretonen gekrönt wurde, erhob er, um die Unabhängigkeit seines Landes besonders hervorzuheben, Dol zur Bischofsstadt und den Bischof zum Primas der sieben bretonischen Bistümer.

Die Macht des Kirchenfürsten findet sichtbaren Ausdruck in dem gewaltigen Bau der Kathedrale St-Samson, die zum grössten Teil im 13. Jahrhundert an Stelle einer von dem englischen König Johann ohne Land im Jahre 1203 verbrannten Kirche erbaut wurde. Im Gegensatz zu der abweisenden Vorderfront des Gotteshauses zeigt die dem 14. und 15. Jahrhundert entstammende grosse südliche Eingangshalle einen verblüffenden Formenreichtum: grosse gotische Fenster mit elegantem Masswerk, in den Gewänden reicher Figurenschmuck und auf quadratischen Feldern, die sich wie die aufgeschlagenen Seiten eines Bilderbuches um den Spitzbogen des Fensters legen, Reliefs von aussergewöhnlicher Feinheit.

Das Kircheninnere zeigt alle Merkmale normannischer Gotik. Mit einer Länge von 100 Metern und einer Gewölbehöhe von 20 Metern überrascht der Bau durch seine Mächtigkeit und eine eigentümliche Beschwingtheit. Diese erklärt sich daraus, dass die Hauptdienste des Kirchenschiffes nicht mit den Pfeilern verbunden sind, sondern freistehend, elegant und leicht zum Gewölbe emporstreben. Dieselbe Leichtigkeit begegnet uns in dem gerade geschlossenen Chor, dessen Fenster zusammen mit dem reichskulptierten Gestühl, dem teilweise zerstörten Renaissance-Grabmal des Doler Bischofs Thomas James, bemerkenswerten Kapitälen und einer dem 14. Jahrhundert entstammenden Muttergottesstatue zu den Kostbarkeiten dieser Kirche gehören.

In der nahen Grande-Rue stossen wir auf alte Häuser, so auf das von einer dicken Säule abgestützte und mit gotischer Tür geschmückte Fachwerkhaus «Picrel» mit der «Cour des Charretiers» und auf das romanische Haus «des Plaids». Hier ist man gerade dabei, die später eingebauten kleinen Fenster zu entfernen und dafür den grosszügigen, typisch normannischen Dekorationen an den weiten Fensteröffnungen mit ihren Zacken, Zähnen und Wellenlinien wieder die alte Geltung zu verschaffen.

Von der «Promenade des Douves», dem Rest einstiger Befestigungsanlagen, sehen wir drei Kilometer nördlich an der Strasse nach St-Malo eine Erhebung unvermittelt aus dem Flachland aufragen, den Mont Dol. Es lohnt sich, den 65 Meter hohen Berg aufzusuchen, der dadurch, dass er aus einer vier Meter unter Meeresniveau liegenden Tiefebene von fünf Kilometern Breite als selbständiges Gebirge emporwächst, eine wesentlich grössere Höhe vortäuscht. Wie reiche Funde beweisen, fanden hier in prähistorischer Zeit Elefanten, Nashörner, Rentiere und auch das Mammut Unterschlupf.

In der Ortschaft Mont-Dol zweigen wir bei der Kirche ab und fahren den steilen und sehr engen Weg zum Gipfel empor. Dort umgibt uns eine kleine, in sich geschlossene Welt von arkadischer Schönheit. Wo die Römer die Göttin Diana verehrten, die Druiden ein Heiligtum besassen und der heilige Samson, ein frühchristlicher Missionar, als Einsiedler Wasser aus dem Granit schlug, entspringt heute noch eine Quelle. Die neben einem Gehöft stehende Windmühle hat alle «Stürme» unversehrt überdauert. Weidende Schafe treten aus dem Schatten uralter Kastanien und ziehen langsam hinüber zu einem kleinen See, während ein paar andere zu Füssen des Turmes «Notre-Dame-de-l'Espérance» ihr Futter suchen.

Weithin blickt die dort oben stehende Muttergottesstatue über das Land, bis hinüber zum Mont St-Michel, um den sich der Teufel und der Erzengel einst gestritten haben sollen. Vom Mont Dol aus haben sie der Legende nach ihre Kraft erprobt. Wer am weitesten sprang, dem sollte der Mont St-Michel gehören. Während der Teufel in den Couesnon stürzte, schwang sich der Erzengel auf weitgespannten Flügeln zum Berg hinüber, der heute noch seinen Namen trägt.

Ein anderer legendärer Kampf soll sich auf dem einen Kilometer von Dol linker Hand an der Strasse nach Combourg liegenden Champ Dolent abgespielt haben. Der dort auf der «Walstatt des Schmerzes» stehende Menhir ist mit einer Höhe von 9,30 Metern und den feinen Kanelierungen ein Wunder an urtümlicher Kraft und Eleganz. Der Sage nach fiel er während einer blutigen Schlacht vom Himmel und trennte zwei kämpfende Heere. Alle 100 Jahre soll der Riese einen Fingerbreit tiefer in die Erde sinken. Hat diese ihn dereinst völlig verschlungen, ist nach dem Glauben der Einheimischen das Jüngste Gericht nicht mehr fern.

Das Inselwunder vor der bretonischen Küste

Mont St-Michel: «Merveille de l'occident», Wunder des Abendlandes! Kaum irgendwo sonst in Europa haben Meer, Fels und Menschenwerk sich zu einem solchen Akkord vereinigt wie hier in der tief eingeschnittenen Bucht von Avranches, die die Bretagne von der Normandie trennt. Mont St-Michel – als strahlende Gralsburg schaut er über Land und Meer.

Im 8. Jahrhundert noch soll sich der Berg, wie auch der benachbarte Mont Dol, inmitten des dichten Forstes von Scissy erhoben haben. Wir wissen nicht das Jahr, in welchem das Meer mit unbeschreiblicher Gewalt einbrach, den Wald fortspülte und die beiden Berge in Inseln verwandelte, eine Naturkatastrophe ähnlich jener, der die Zuidersee ihr Entstehen verdankt.

Langsam hob sich wieder das Land. Aber die Sumpfgebiete des Marais Breton blieben. Mühsam versuchte man vom 12. Jahrhundert an durch Entwässerung und Eindeichung dem Meer seine Beute abzujagen. Dabei half die Natur selber mit. Spärlicher Pflanzenwuchs siedelte sich an, wie der sogenannte Queller, der «Landnehmer». Doch der Mont St-Michel selber blieb Insel, bis man ihn im Jahre 1881 durch einen unüberflutbaren Damm mit dem Festland verband und ihn damit gewissermassen an die Kette legte. Während bei Ebbe eine schimmernde Sandfläche sich viele Kilometer weit vor dem Berge erstreckt, rennt bei Flut das Meer mit Wellen bis zu 14 Meter Höhe gegen die «in periculo maris» gelegene Gottesburg an. Der angeschwemmte Sand zwang den Couesnon, den Grenzfluss zwischen Bretagne und Normandie, der früher östlich des Berges floss, in eine andere Richtung. Heute zieht er, sehr zum Ärger der Bretonen, westlich an dem Eiland vorüber.

«Le Couesnon – par sa folie –
mit St-Michel – en Normandie»

«Der Couesnon in seiner Narretei
schob St-Michel zur Normandei»

so heisst ein Sprichwort hierzulande.

Nähern wir uns vom Festlande her dem Berg, steht er in weiter Ferne wie eine Fata Morgana über den Hügelwellen und Hecken des Landes. Immer höher scheint er emporzuwachsen. Was von einem feinen Dunstschleier verhangen war, schält sich allmählich plastisch heraus. Mittelalterliche Befestigungsanlagen, dem grauen

Felsen verwandt, wachsen vom Strande auf, buchten sich aus zu mächtigen Bastionen, klettern über Felsvorsprünge und riegeln die Insel gegen das Land hin ab.

Kein Wunder, dass dieses Bollwerk nie erobert wurde, nicht einmal während des Hundertjährigen Krieges, als ein Grossteil Frankreichs in der Hand der Engländer war und der aus dem Prozess gegen die Jungfrau von Orléans unrühmlich bekannte Abt des Inselklosters, Robert Jolivet, zum Feinde überging. Der nie bezwungene Mont St-Michel wurde dadurch zu einem Nationalheiligtum, zu einem Denkmal französischen Selbstbewusstseins. Es war der Revolution vorbehalten, diese geistige und geistliche Wirkungsstätte benediktinischer Mönche zu schänden, zu profanieren und in ein Staatsgefängnis umzuwandeln.

Für das Volk blieb der Berg ein Hort St. Michaels. Der Legende nach stritt sich auf dem benachbarten Mont Dol der Erzengel mit dem Teufel, wer von beiden das schönste Bauwerk errichten könne. Satan liess über Nacht auf dem Mont Dol eine Burg aus Eis erstehen, die im Morgenlicht feenhaft aufglänzte, unter den Strahlen der Sonne jedoch bald hinschmolz. St. Michael erbaute die unvergängliche Abtei auf dem Nachbarberg. Die Spuren des Teufels will man noch auf dem Mont Dol erkennen, und auch der Michaelsberg zeigt die Fussabdrücke des Erzengels, der in gewaltigem Sprung vom Festlande aus seinem Gegner nachsetzte.

Nach anderer Version soll St. Michael im Jahre 709 den Bischof Aubert von Avranches aufgefordert haben, auf dem Granitfelsen eine Andachtsstätte zu errichten. Aus ihr entwickelte sich die karolingische Abtei, der romanische und gotische Bauten, immer mehr an Pracht sich steigernd, folgten. So entstand ein phantastisch anmutendes und in seiner Grösse geradezu verwirrendes Werk, zu dem der Granit von den Chausey-Inseln und aus der Bretagne mühsam herangeschafft wurde.

Da der Gipfelgrat sehr schmal ist, musste man den Bau der gewaltigen Kirche auf die Flanken des Berges stützen. Dazu bedurfte es der Krypten, Mauern und Säulen, die das Gotteshaus samt den weitverzweigten Klosterbauten zu tragen hatten. Diesen geistlichen Bezirk umschirmten die streitbaren Mönche mit gewaltigen Befestigungsanlagen.

Bedrohlich und abweisend steigen die Bastionen und Mauern vor uns empor, wie wir unser Auto vor der Porte du Roi abstellen. Vorsorglich wählen wir einen Platz, der nicht, wie die tiefer gelegenen und mit Warnungstafeln gekennzeichneten Plätze, von der Flut gefährdet ist. Hinter dem Tor sperren riesige englische Mörser, «Micheletten», die bei einem Ausfall im Hundertjährigen Krieg erbeutet wurden, ihre bronzenen Mäuler auf. Ein zweites, mit einem Fallgatter bewehrtes Tor will uns den Weg versperren. Aber schon schiebt uns der Strom der Besucher hinein in die «Grande-Rue», deren Enge uns beweist, wie relativ der Begriff «gross» sein kann. Jedes der links und rechts die schluchtartige Strasse säumenden, 400 Jahre alten Häuser hat sich in eine Crêperie oder in einen Laden verwandelt. Man glaubt sich unwillkürlich in die Zeit der ersten Wallfahrer zurückversetzt, die, wie die Chronik berichtet, hier so weidlich von den geschäftstüchtigen Inselbewohnern geschröpft wurden, dass der Abt die Pilger vor Taschendieben ebenso schützen musste wie vor dem Neppen der Wirte.

Hier glitzert der übliche Andenkenkitsch, dort stehen Antiquitäten fragwürdiger Herkunft. Ein Koch zeigt seine fast gauklerhaft anmutenden Künste, indem er die duftenden Crêpes von der Pfanne emporschleudert und geschickt wieder auffängt. Blankes Kupfergeschirr, bretonische Fayencen werben um die Käufer. Mit Spezialitäten: Langusten, Krabben, Fischen und Austern, locken die kleinen Restaurants. Dabei genügt nicht die ausgehängte Speisekarte, vielmehr versuchen Kellner und Kellnerinnen, die Gäste in die Lokale zu lotsen. Man ist von all dem ein wenig angewidert, hat den ganzen Rummel aber vergessen, sobald die Grande-Rue bei einem Kruzifix umbiegt und unvermittelt in eine Steintreppe übergeht. Ein Kipptor konnte sie einst abriegeln. Dahinter droht das sogenannte «Schlösschen» mit zwei aufgestellten Bombarden gleichenden Türmen, die durch einen Wehrgang miteinander verbunden sind. Selbst dieses militärischen Zwecken dienende Bauwerk, das aus verschiedenen Lagen von rosa und grauem Granit besteht, verrät den künstlerischen Sinn der Erbauer. Noch eine Treppe – und wir stehen im Saal der Wache, von wo aus die bedürftigen Pilger durch die «Hof der Wunder» genannte Gebäudegruppe zur Almosenei geschleust wurden. Heute schleusen livrierte Fremdenführer die einzelnen Gruppen der Besucher durch die in drei übereinanderliegenden Stockwerken sich auftuende Flucht von Sälen, Gängen, Kellern und Verliesen. In diesem Labyrinth wären wir unrettbar verloren, schwebte da nicht die betresste Mütze des unermüdlich erläuternden Führers vor uns her.

Endlich ist die vor der Kirche liegende Terrasse erreicht. Ihr Name «Walters Sprung» erinnert daran, dass in jener Zeit, als die Abtei Staatsgefängnis war, ein Gefangener den Sprung in die gähnende Tiefe der Haft in den modrigen Kerkern vorzog.

Während wir noch den Blick über den blinkenden Sand zu der unbewohnten Insel Tombelaine schweifen lassen, weist der Führer auf die klassizistische Fassade der Kirche hin, die man anstelle der romanischen dem um drei Joche gekürzten Gotteshaus im 18. Jahrhundert vorblendete.

Im Innern der völlig ausgeplünderten Kirche überrascht der Gegensatz zwischen den schweren romanischen Bauformen des Langschiffes und dem eleganten gotischen Chor. Von derselben Leichtigkeit, gewissermassen in 120 Meter Höhe zwischen Himmel und Erde schwebend, ist der Kreuzgang. Ein doppelter Kranz kaum armdicker, gegeneinandergestellter Säulen aus poliertem rotem Granit trägt die reich skulptierten Arkaden und umschliesst einen offenen Innenhof. Man denkt bei diesen Säulenreihen unwillkürlich an die Saiten einer Harfe.

Durch zwei grosse verglaste Fensteröffnungen geht der Blick hinunter auf den Strand, auf dem nussschalenklein ein paar Boote die Flut erwarten. Rotblühender Mauerpfeffer krallt sich in die Fugen des Gemäuers und in die Spalten des schwefelgelb aufleuchtenden Felsens. Das saftige Grün eines kleinen Waldes umzieht den Nordhang der Insel. Gärten mit Rosen und weissen Holunderdolden breiten sich über kunstvoll dem Berg abgerungene Terrassen. Ein seltsam geformter Turm hält tief drunten zwischen Fels und Meer Wache.

Vom Lichte geblendet treten wir in das Refektorium ein, das, vom Eingang aus gesehen, auffallend hell, aber fensterlos wirkt. Erst beim Durchschreiten des Raumes sehen wir zwischen den Nischen die schlitzschmalen Fensteröffnungen, eine verblüffende Art der Lichtführung. Ebenso überraschend ist in dieser Halle die Akustik. Dank ihr konnten die Mönche den während des Essens mit halber Stimme sprechenden Vorleser selbst im hintersten Winkel des Saales verstehen. Diese architektonische Glanzleistung übertrifft den durch drei Säulenreihen abgestützten, mit mächtigen Kaminen ausgerüsteten Rittersaal und auch den Gästesaal, in welchem der Abt unter anderem die Könige Ludwig den Heiligen, Ludwig XI. und Franz I. empfing. Nicht umsonst wird dieser solche Kostbarkeiten umschliessende Trakt «Merveille», das «Wunder», genannt.

Ein paar Nebenräume prägen sich der Erinnerung besonders ein. So die «Krypta der dicken Pfeiler». Zehn gewaltige Säulen, jede fünf Meter im Umfang messend, stemmen sich unter die Last des obersten Stockwerkes. Mit der noch vorhandenen Vorratskammer verbindet sich die Erinnerung an ein dramatisches Geschehen. Im Jahre 1591 versuchte der kalvinistische Hauptmann Montgomery von Pontorson, einen Diener der Abtei durch Bestechung zu bewegen, mit einer zum Heraufschaffen der Vorräte dienenden Winde seine Soldaten, einen nach dem andern, in das Innere der Abtei zu ziehen. Der Diener verständigte jedoch den Abt von dem tückischen Plan. So wurde jeder der heraufgezogenen Hugenotten von der bereitgestellten Wache sofort unschädlich gemacht. Erst als Montgomery, durch die dort oben herrschende Stille stutzig geworden, einen Offizier hinaufschickte, erfuhr er von dem Verrat. Der Angriff auf den Mont St-Michel war vereitelt.

Noch existiert neben der Terrasse «Walters Sprung» der alte Aufzug, ein grosser trommelartiger Hohlkäfig, eine Tretmühle, mit deren Hilfe man einen hölzernen Karren eine schiefe Ebene heraufzog. Die sechs im Innern des Käfigs laufenden Männer, deren Kraft die Winde bewegte, erhielten für ihre Arbeit die doppelte Weinration. Kein Wunder, dass man sich zu dieser uns unmenschlich erscheinenden Arbeit geradezu drängte.

Der Himmel hat sich verfinstert, wie wir endlich ins Freie gelangen. Wir wollen, ehe es Abend wird, das Wunderwerk der Klosterbauten noch einmal von allen Seiten betrachten und dazu die fast kreisrunde Insel umschreiten. Kaum haben wir den nur etwa 1000 Meter langen Rundgang begonnen, erfüllt ein merkwürdiges Rauschen die Luft. Fegt ein Gewittersturm über den Strand? Nein, draussen in weiter Ferne hat das eintönige Grau weisse Schaumkronen bekommen. Das ist nicht mehr die tote Fläche des Sandes, das ist die mit grosser Geschwindigkeit heranbrausende Flut. Schon hat sie ein paar an Stangen hängende Fischreusen erreicht, nimmt die vorhin noch träge daliegenden Boote auf ihre Schulter und steigt zu den altersgrauen Mauern der Kapelle St-Aubert empor. Mit Schaudern denken wir an das Schicksal vieler, die, allen Warnungen zum Trotz, den Gang durch das Wattenmeer wagten. Von dem Schwemmsand festgehalten, wurden sie von der rasch steigenden Flut verschlungen.

Wir laufen mit dem Wasser um die Wette und erlangen fast gleichzeitig mit ihm das rettende Tor. Wo soeben noch eine Sandfläche sich hinbreitete, kämmt jetzt der aufkommende Sturm das Meer. Grau in grau liegen Wasser, Fels und Mauerwerk vor uns. Aber selbst dieses Grau kennt feine Nuancen von Beigetönen, blassem Blau und mattem Silber.

Jetzt sind wir Insulaner geworden. Auf der Veranda einer kleinen Gaststätte geniessen wir dieses seltsame Gefühl bei einem Glase

«Cidre», dem schäumenden Apfelwein, der Spezialität des Landes.

Die Nacht im winzig kleinen Hotelzimmer ist von Regen durchrauscht. Manchmal zeigt sich im Mondlicht tief drunten das Meer, das, so wie es gekommen, auch entschwindet. Von rötlichem Morgenlicht übergossen liegt wieder der Gürtel aus mattschillerndem Sand um die Insel. Noch einmal schreiten wir über den breiten Mauerkranz und blicken über Bastionen, Türme und Zinnen. Dann entlässt uns die Porte du Roi.

Aufglänzt hinter uns die schlanke Spitze des Turmes mit der Statue des heiligen Michael, der dort oben mit gezücktem Schwert Wache hält über dem Meer und dem bretonischen Land.

Mit dem Zeigefinger über die bretonische Speisekarte

Nicht nur die vom Golfstrom verwöhnte Erde, sondern auch der Ozean legt uns im Meerland «Armor» die köstlichsten Gaben auf den mit bretonischem Linnen gedeckten und mit Majolikageschirr geschmückten Tisch. Wie wäre es zuerst mit einer Portion frischer Krabben oder mit ein paar «crabes» genannten Krebsen, wie sie von den Fischern mit Stangen und Körben, Stück für Stück, aus den moosigen Felsspalten der Klippen geholt werden? Vielleicht bevorzugen wir die erbsengrossen Muscheln, «Bigorneaux» genannt, aus deren schwarzem Gehäuse man die madenkleinen Tierchen mit feiner Stecknadel herausbohrt, ein amüsanter Zeitvertreib, bei dem man sich Appetit auf nahrhaftere Speisen holen kann, so etwa auf eine rotgesottene Languste oder einen Hummer, in dessen nusshartem Fleisch wir die Reinheit und Frische des Meeres finden. Wir können ihn als Hummer à la crème oder als Hummer à l'armoricaine zubereiten lassen. Am reinsten jedoch bleibt der Meergeschmack erhalten, beträufeln wir das aus roten Scheren sich schälende Fleisch mit ein paar Tropfen Zitronensaft. Zitrone gehört auch zu den Marennes-Austern oder zu jenen aus Paimpol, Arcachon oder Morgat.

Doch wohlgemerkt, das alles sind erst appetitanregende Vorspeisen, ebenso wie die «rillettes» genannte Schweinefleischpastete, zu der man, wie auch zu den Austern, den Wein des Landes, den Muscadet, reicht. Man kann diesen getrost auch zu den vielfältigen Fischgerichten, zu den Forellen aus den Gebirgsbächen, den Hechten und dem Salm aus Elorn und Aulne trinken, ohne dabei gegen den «Ehrenkodex» eines Gourmets zu verstossen. Zu dem, was das Meer bietet, gehören auch die Aale, die man in Ploërmel mit einer kräftig gewürzten Sauce und zu St-Nazaire gebacken serviert. Auch die «cotriade», eine der mittelmeerischen Bouillabaisse verwandte Fischsuppe, ist nicht zu verachten. Mit den dazu gehörenden Kartoffeln genossen, sättigt sie für einen ganzen Tag. Doch jetzt wäre es an der Zeit, sich ein Hähnchen oder ein Huhn zu bestellen. Oder hätten wir grösseren Appetit auf ein zartes Heidelammkotelett? Auch Wildschweinbraten wäre zu empfehlen! Mit den Gemüsebeilagen hat man hier wahrlich keine Sorgen, wachsen doch köstliche Erbsen in der Gegend von Nantes, schaumzarter Blumenkohl bei Quimper und die Rosetten vielbegehrter Artischocken bei Roscoff.

An Käse werden dem Gast auf blankem Teakholzbrett so viele Arten angeboten, dass er nicht weiss, ob er der von Traubenkernen umhüllten Sorte, einem Camembert oder Brie, einem milden Ziegenkäse oder einer typisch bretonischen Spezialität den Vorzug geben soll.

Ein Kapitel für sich bilden die duftigen, papierdünnen Fladen, die Crêpes, die mit Obstschnaps übergossen als «crêpes bretonnes flambées» serviert werden oder die man, wie das in Morlaix Brauch ist, mit Langustenschwänzen gefüllt und mit einer der Zunge schmeichelnden Béchamelsauce geniesst. Oft werden die Crêpes einfach mit Zucker eingepudert und zusammengerollt zu jeder Tageszeit genossen.

Als Nachspeise bitte ein Eis! Dazu mürbe Erdbeeren aus Plougastel, Kekse und Waffeln aus Nantes oder die köstliche «bigoudens» genannte Mandelspeise von Pont-l'Abbé!

Sie ist das Tüpfelchen auf dem i. – Wohl bekomm's!

Von «Ker» bis «Ya»

Kreuz und quer haben wir die Bretagne durchfahren und sie erlebt. Dabei sind wir der Landschaft, Kunst und Geschichte nähergekommen. Nur die eigenartige Sprache, die eher zu Menhiren und Dolmen zu passen scheint als in unsere Zeit, ist uns mit Ausnahme weniger Worte ein Geheimnis geblieben.

Vor mehr als 2000 Jahren, zur Zeit, als die Kelten ganz Europa besiedelten und unter ihrer hohen Kultur viele heute getrennte Länder einten, verstand man diese Sprache ebenso in Deutschland und Italien wie am Atlantik oder am Schwarzen Meer. Heute wird sie nur noch in der Bretagne gesprochen. Seit vielen Jahren vom Französischen mehr und mehr verdrängt, verdankt sie es nur dem zähen Festhalten der Bretonen am Althergebrachten, dass sie nicht zu einem bestaunten Museumsstück wurde, sondern lebendig blieb. Ja, sie wird heutzutage als wichtiges Kulturgut wieder gepflegt. Sie ist in den Schulen Wahlfach geworden, und man hat ihr an der Universität zu Rennes sogar einen Lehrstuhl eingeräumt. Der Fremde begegnet ihr auf jedem Wegweiser, an jedem Ortsschild, in immer wiederkehrenden Silben, wie Ker, Lan, Loc und Plou.

Sie sind den eigentlichen Ortsnamen vorangestellt, so wie man im Deutschen -hausen, -burg, -dorf oder -heim ungezählten Ortsbezeichnungen anfügt.

«Ker», das in den bekannten Orten wie Kernascléden, Kermaria, Kergoat, Kerjean ebenso zu finden ist wie bei Hunderten von unbekannten Weilern, heisst schlicht: Dorf. «Lan» deutet auf eine frühere Einsiedelei hin. Es wird immer dem Namen des Ortsheiligen vorangestellt. So bedeutet Lannédern = Lan des St-Edern oder Landévennec = Lan des St-Vennec. Auch «Loc», das etwa «Zelle» heisst, lässt den Zusammenhang der Ortschaft mit der Zelle eines Eremiten erkennen, so bei Loc-Ronan = Zelle des heiligen Ronan. Das in den Ortsnamen Plougastel, Plougrescant, Ploumanac'h verwendete «Plou» weist darauf hin, dass es sich hier um die einstige Pfarrei eines bretonischen Heiligen handelt.

Goat, Coat oder Goet ist gleich Wald. So wird Argoat, wie sich das Innere der Bretagne einst nannte, zum «Land des Waldes». Menez ist gleichbedeutend mit Berg, wie er uns in dem berühmten Aussichtspunkt «Menez-Hom» begegnet.

Sonst aber stehen dieser keltischen Sprache, deren sich nach Meinung eines bretonischen Heimatforschers bereits Adam und Eva bedient haben, der Franzose und der Deutsche gleich hilflos gegenüber, wenn man davon absieht, dass dem Deutschen wenigstens das bretonische «Ya» völlig vertraut klingt. Ihm sind das «K», «H» und «Z» auch geläufiger als dem Franzosen, und wenn er sich bemüht, die Endsilben der Worte nicht etwa französisch, sondern so auszusprechen, wie sie geschrieben werden, dann ist er schon ein gutes Stück weitergekommen. Am besten lässt er sich von einer hilfsbereiten Wirtin oder von einem sprachkundigen Lehrer die «Hieroglyphen» ins Französische oder gar (wie es zu unserer Überraschung da und dort sogar möglich ist) ins Deutsche übertragen. Jedem, der ein herzhaftes «Ya» zur Bretagne sagt, wird es vollauf genügen, sich einen einzigen Satz einzuprägen: «Kénavo ar veic'h hall ar vro Breiz!», «Auf Wiedersehn in der Bretagne!»

Ortsregister

(Kursive Zahlen weisen auf Bildseiten hin)

Fotografen

Lala Aufsberg, Sonthofen/Allgäu: 31, 32, 41, 52, 62, 82, 91, 101, 111, 141, 151, 182, 201, 204, 213, 214
H. Heiniger, Spiez: 223
Jos. Jeiter, Hadamar/Nassau: 17, 18, 19, 20, 30, 42, 51, 61, 71, 72, 81, 92, 112, 121, 122, 142, 152, 161, 172, 181, 191, 192, 202/203, 224
Editions Jos, Châteaulin: 132
Doris Vogt, Neuchâtel: 29, 162, Farbdia Schutzumschlag
Services Officiels du Tourisme Français: 102, 131, 171

COTE DES LÉGENDES
COTE DE GRANIT ROSE
PERROS-GUIREC
TRÉBEURDEN
LANNION
I. de-Batz
St-Pol-de-Léon
CARANTEC
Brignogan
Portsall
I. d'Ouessant
le Folgoet
Kerjean
MORLAIX
St-Thégonnec
le Conquet
BREST
AULNE
Pte Saint-Mathieu
Camaret
Pte de Dinan
MORGAT
Cap de la Chèvre
Pleyben
CHATEAULIN
Pte du Van
BAIE DES TRÉPASSÉS
I. de Sein
Pte du Raz
DOUARNENEZ
Locronan
Audierne
QUIMPER
le Faouët
BAIE D' AUDIERNE
CONCARNEAU
St-Guénolé
Pte de Penmarc'h
COTE BIGOUDEN
LORIENT
Groix
I. de Groix
QUIBERON
N
BRETAGNE